教育部2017年产学合作协同育人项目"基于产学研合作的高校电子竞技创新创业教育体系建设"（项目编号：201701002018）

国家自然科学基金项目"企业商业模式创新的逆向思维：基于商业模式刚性的动态演化研究"（项目批准号：71572134）

电子竞技
商业模式

E-sports Business Model

项目指导：张绍东　侯　淼

主　　编：夏清华

编　　委：夏清华　王　罡　徐　玥　杨　瑞　占　兰　冷　俊　冉令帮
　　　　　黄　剑　方　琪　李　轩　余青叶　何　丹　王妍涵

武汉大学和腾讯公司联合项目

WUHAN UNIVERSITY PRESS
武汉大学出版社

图书在版编目(CIP)数据

电子竞技商业模式/夏清华主编 . —武汉:武汉大学出版社,2019.1
(2024.8 重印)
ISBN 978-7-307-20688-5

Ⅰ.电…　Ⅱ.夏…　Ⅲ.电子游戏—运动竞赛—体育产业—商业模式—中国　Ⅳ.G898.3

中国版本图书馆 CIP 数据核字(2019)第 023981 号

责任编辑:范绪泉　　　责任校对:汪欣怡　　　版式设计:韩闻锦

出版发行:**武汉大学出版社**　(430072　武昌　珞珈山)
　　　　(电子邮箱:cbs22@whu.edu.cn 网址:www.wdp.com.cn)
印刷:湖北云景数字印刷有限公司
开本:787×1092　1/16　印张:8.5　字数:196 千字　插页:1
版次:2019 年 1 月第 1 版　2024 年 8 月第 5 次印刷
ISBN 978-7-307-20688-5　　定价:39.00 元

前　言

电子竞技(electronic sports,以下有时简称"电竞")是电子游戏比赛达到"竞技"层面的体育项目,是利用电子设备作为运动器械进行的、人与人之间的智力对抗运动。2008年,国家体育总局将电子竞技改批为第78号正式体育竞赛项目。2017年10月,国际奥委会在瑞士洛桑举行的第六届峰会上,同意将电子竞技视为一项"体育运动"。2018年8月,电子竞技进入雅加达亚运会表演赛项目,2022年将在杭州亚运会上成为正式比赛项目。

电子竞技产业是集科技、竞技、娱乐、社交于一身,拥有独特商业属性与用户价值的数字娱乐文化体育产业。自2008年国家体育总局将电子竞技列为第78号正式体育竞赛项目以来,电竞产业发展如火如荼,竞技类游戏持续涌现,用户规模增长迅猛,政策利好,资本助力,社会关注度极高,无论是市场规模还是用户数量都远远超过很多传统体育项目,未来具有广阔的发展空间。尽管如此,电竞产业从业人员水平参差不齐,赛事活动紊乱,与青少年健康相关的社会认可度有限等问题依然存在,影响该行业的健康持续发展。2017年,在教育部产学合作协同育人创新创业教育改革政策的支持下,武汉大学与国内电竞行业领导者腾讯公司强强联合,开展"基于产学研合作的电竞产业商业模式创新研究与相关课程开发"项目研究,通过产学研合作的方式整合双方资源,以推动电竞产业职业化,完善电竞人才孵化培养机制,促进中国电竞创新创业生态圈建设和发展。项目组聚焦电竞商业模式设计与运作,探寻电竞生态企业、政府等参与电竞生态系统建设所面临的机遇与挑战以及发展战略。经过近一年的努力,项目组已经完成《电子竞技产业发展研究报告》和《电子竞技商业模式》专业教材。

据了解,《电子竞技商业模式》专业教材作为新时代电竞管理人才整体教育结构中的有机组成部分,将是国内外第一部聚焦于电竞产业商业模式设计与创新的通识教材。该书的出版将有利于普及电竞行业基础知识,增强学生对电竞行业的了解,引导识别与开发新的创新创业机会,帮助相关企业在商业实践中构建新的竞争优势,适应国内外电子竞技行业快速发展的需要,对促进我国电竞教育产业的发展、培养电竞人才具有重要意义,也标志电竞教育开始从职业教育走向专业教育。

项目团队成员来自武汉大学经济与管理学院、武汉大学创业学院与腾讯电竞品牌项目组。项目从选题到完成得益于武汉大学创业学院的支持和推动,得益于腾讯公司的资助!特别感谢武汉大学本科生院和创业学院院长张绍东教授、办公室主任占兰和冷俊老师,腾讯互动娱乐事业群自研 & 综合市场部总经理、腾讯电竞业务负责人侯淼先生,腾讯电竞业务品牌负责人云洁女士以及徐玥、杨瑞、冉令邦等管理团队的支持与合作!

本书编写团队为:

1

主编：夏清华

编委：王罡(第9章)、黄剑(第4章)、方琪(第1、第2、第3章)、李轩(第5章)、余青叶(第6章)、何丹(第7章)、王妍涵(第8章)

2019 年 1 月

目　　录

第1章　全球电子竞技产业发展历程概述

电子竞技运动起源于欧美，经过几十年的发展，影响力与日俱增，在韩国更是把电子竞技和足球、围棋一道作为三大国赛进行大力推广。电子竞技不只是一项体育项目，更是一项拥有巨大商机的新兴产业，近年来保持着强劲的发展势头。市场研究公司Newzoo发布的《全球电子竞技市场报告》指出：2017年全球电子竞技观众达到了3.855亿人，其中包括1.91亿电子竞技粉丝和1.94亿偶尔参与的观众；2017年全球电子竞技收入达到6.96亿美元，同比增长41.3%。[①] 而上述数字在2015年还分别只是2.5亿人与3.25亿美元。[②]

尽管全球电竞产业呈现"多级并进，全面开花"的态势，但各地区电竞产业发展水平实际上处于不同阶段。欧美电竞市场历经了萌芽、探索成长、快速发展阶段，目前已经步入成熟发展阶段。20世纪70年代在美国风靡的Space War[③]代表着电子竞技雏形的出现，80年代电竞电视节目的出现与繁荣推动了美国电子竞技产业的成长，90年代暴雪娱乐公司的诞生与划时代产品的出现则将欧美电子竞技市场完全打开。进入21世纪后，美国的电子竞技大联盟（MLG）与法国的电子竞技世界杯（ESWC）等赛事相继成立，将欧美电竞产业的发展推向了高潮，也标志着欧美电子竞技产业进入成熟阶段。在亚洲，经历亚洲金融危机后，韩国政府开始大力发展文化娱乐产业，使韩国电子竞技在20世纪最后一个十年得到飞速发展，随着2000年世界电子竞技大赛（WCG）与本土主要赛事的成立，韩国电子竞技产业步入稳定增长时期，2008年后，受益于政府规划与政府资金的支持，韩国电子竞技产业实现了再一次振兴。与欧美地区和韩国相比，中国电子竞技起步较晚，只有短短20多年时间。不同于韩美等国，我国电子竞技产业发展可谓一波三折，在20世纪初期还经历了一次低潮，但随着全球电子竞技产业的火爆和移动互联网的发展，我国电子竞技产业开始于2013年重新焕发活力。目前，美国电子竞技产业产值位居全球第一，韩国电子竞技产业体系最为成熟、市场化程度最高，中国电子竞技产业发展迅猛，产业产值位居全球第三。在发展模式上，欧美国家的电竞产业发展完全依靠市场力量；而韩国电竞产业先由政府介入，以国家力量培育产业，同时由市场接力，形成政府与市场参与的双轨制产业发展模式；我国电竞产业在早期发展模式与欧美相似，主要依靠市场需求推动，但发展到一定程度后受到了舆论和政策的约束，随即步入低潮探索阶段。伴随着政策解冻与政府大力扶持，我国电竞产业发展模式逐步向

---

① Newzoo. 2017年全球电子竞技市场预测报告. 2017.
② Newzoo. 2016年全球电子竞技市场报告. 2016.
③ Space War是世界上第一款真正意义上具有娱乐性质的电子双人射击游戏。

韩国靠拢，形成"政府参与+市场主导"的发展模式。

1.1　国际主流国家和地区电子竞技产业发展历程

欧美韩等国家或地区的电子竞技产业发展历程是全球电子竞技产业发展的缩影。韩、美、法举办的世界电子竞技三大赛事①代表着世界电子竞技赛事的最高水平，并不断推动电子竞技产业向全球蔓延，促使其成为具有全民影响的运动。欧美韩等国家或地区的电竞产业发展对全球电竞产业从无到有、从弱到强起到了重要的促进作用。

1.1.1　欧美电子竞技产业发展历程

1. 萌芽期(1970—1980 年)

Space War 的诞生推动了美国电子竞技产业的萌芽。1958 年，世界上第一款电子游戏 Tennis For Two 在美国诞生，但是该款游戏并不具备娱乐性质。1962 年由麻省理工学院学生 Steve Russell 与其同学一起设计了世界上第一款真正具有娱乐性质的双人射击电子游戏 Space War，并经由玩家提议以该款游戏作为比赛产品，无意间促成全球电子竞技产业的兴起。随着 Space War 游戏在美国学生群体逐渐流行，且好评如潮，1972 年10 月 19 日斯坦福大学学生被邀请参加名为"Intergalactic Space War Olympics"的 Space War 游戏竞赛，而赢得比赛的学生获得了由美国杂志 Rolling Stone 提供的奖金。该比赛成为电子竞技史的正式开端，也成为全球电子竞技的第一场比赛。

20 世纪 70 年代，受益于电子计算机的普及，新的电子游戏不断涌现，种类日益增多，可用于竞技的电子游戏走进大众视野。在第一场电子游戏比赛举办的几年后，美国科技公司雅达利于 1980 年在美国举办了名为"The Space Invaders Championship"(太空侵略者锦标赛)的大型游戏竞技比赛。该比赛引起了巨大的轰动，吸引了超过 1 万人参加。这一事件直接促使竞技性游戏逐渐成为主流游戏类型的这一历史性结果的出现。同年美国 Walter Day 游戏公司成立了一个负责跟踪视频游戏世界纪录并开展电子游戏促销活动的"Twin Galaxies"组织，在很大程度上促进了美国乃至全球电子竞技产业的发展。

2. 探索成长阶段(1980—1990 年)

电视媒体在电子竞技用户从计算机发烧友走向美国社会大众中扮演着极为重要的角色。在电视媒体时代，电子竞技比赛的传播途径主要是电视直播，而第一次搬上电视荧幕的电子竞技比赛是 1982 年美国 TBS 电视台电子竞技比赛节目《星际游乐园》(Star Cade)。在 1982—1984 年间，《星际游乐园》节目共播出 133 集，社会反响好评如潮，随后美国著名电视节目《不可思议》加入了电子竞技环节。这一时期人们已无需到达现场，仅通过电视荧幕就能了解到电子竞技最新的内容。

职业化的电子竞技运动在这一时期开始起步。全球电子竞技史上第一支国家队于

---

① 分别为韩国的世界电子竞技大赛(World Cyber Games，WCG)(2014 年停赛)、美国的职业电子竞技联盟(Cyber Professional League，CPL)和法国的电子竞技世界杯(E-Sports World Cyber，ESWC)。

1983 年在美国成立，美国国家游戏队的组建开启了以团队名义参加比赛的序幕，① 而游戏天才的出现将电竞推向了一个新高度。1985 年游戏天才 Billy Mitchell 被世界认识，Billy 在"吃豆人"和"大金刚"②的六场比赛中连续保持最高分记录，成功创造了吉尼斯世界记录，间接推动了美国电子竞技产业的迅速发展。

3. 快速发展阶段(1990—2000 年)

1990 年是美国游戏发展的关键节点，游戏网络化的实现意味着游戏选手可在线上进行互动式游戏对决，这一技术进步实现了电子竞技行业的真正发展。

暴雪娱乐公司的成立、电子竞技职业联盟(Cyber Professional League，CPL)的诞生与欧洲电子竞技联盟(ESL)的出现，助推了欧美电竞产业的进一步发展。1991 年 2 月 8 日，加利福尼亚大学洛杉矶分校的三位毕业生成立 Silicon & Synapse 公司，3 年后这一公司更名为 Blizzard(亦即暴雪娱乐公司或暴雪公司，简称暴雪)，并最终发展成为全球知名的游戏生产厂商。在 20 世纪 90 年代暴雪推出了《RPM 赛车》《失落的维京人》《魔兽战争》《星际争霸》等一系列风靡全球的电子游戏，③ 极大推动了美国乃至全球电子竞技产业的发展。这一时期多人在线战术竞技游戏(MOBA 类游戏)是网络化游戏的典型代表，暴雪推出的游戏完美契合了市场与技术发展曲线，赢得了巨大市场。MOBA 类游戏的鼻祖 Netrek 允许 16 人同时在线对战，在 1993 年被美国杂志 *Wired* 评为"第一个在线体育游戏"。以暴雪为代表的企业推出越来越多的大型在线互动竞技游戏，促使越来越多的电子竞技比赛组织开始成立，这些组织的成立意味着早期电子竞技比赛项目的出现。1997 年 6 月 27 日在美国达拉斯成立了电子竞技职业联盟(CPL)，创立之初是为了报道举办电子竞技职业比赛的消息以及比赛。但在随后的发展中，CPL 将各类知名的游戏组织起来，并进行竞技联赛，成为国际同类比赛中最有声望的比赛，其知名度甚至超过了 WCG(2000 年由韩国创办的世界电子竞技大赛，于 2014 年停办)。在欧洲德国科隆，于 1997 年成立了名为电子竞技联盟(ESL)的欧洲著名电子竞技组织，项目涵盖绝大多数的电子竞技项目。和绝大多数以营利为第一目的的电子竞技赛事不同，ESL 的重心是放在如何普及电子竞技和完善赛事规则上。同样成立于 1997 年的 SK Gaming 和 4Kings 电子竞技俱乐部为欧洲电子竞技行业的两大元老，在 21 世纪欧洲电子竞技的起航中扮演了拓荒者的角色。④

4. 成熟发展阶段(2000 年至今)

进入 21 世纪后，欧美国家的专业大型赛事得到了快速的发展。2002 年美国成立了电子竞技大联盟(MLG)，2003 法国成立了电子竞技世界杯 ESWC (Electronic Sports

---

① 佚名：屏幕前的体育——电子竞技发展史. http://www.sohu.com/a/162247315_691078, 2017-08-04.

② 《吃豆人》是电子游戏历史上的经典街机游戏，由 Namco 公司的岩谷彻设计并由 Midway Games 在 1980 年发行；《大金刚》是任天堂公司于 1981 年开发的动作冒险类游戏。

③ 互动百科. 暴雪娱乐公司. http://www.baike.com/gwiki/, 2017-08-29.

④ 佚名：WCA 视角：欧洲电子竞技的 16 年成长之路. http://news.pcgames.com.cn/557/5578662.html, 2015-09-24.

World Cup)，2006 年 Intel 德国公司与 ESL 合作创立了 IEM 极限大师赛，赛事的规模和
参赛国家的数量不断攀升。① 2006 年 5 月 3 日，德国电子竞技赛事组织方 Freaks 4U 宣
布成立 NGL(NETZSTATT Gaming League)联赛。其中 ESWC 是世界知名的三大电子竞技
赛事之一，在全球 50 多个国家举办过比赛。ESWC 专业性强，规模大，现金奖数额高，
成为全球最受电子竞技界尊敬的比赛之一。但 ESWC 在成立后的两年内便遭遇了滑铁
卢式的危机。随着 2008 年全球经济危机的到来，ESWC 经历了盛极而衰的过程，最终
在 2008 年宣布破产，对欧洲电子竞技产业的发展造成了巨大的负面影响。之后 ESWC
被法国公司 Oxent 收购，于 2010 年回归法国并重启赛事，重启后的 ESWC 组织运营更
加规范，吸引了全球各地的参赛队伍，ESWC 再度成为世界顶级赛事，也极大地推动了
欧洲电子竞技产业的发展。

　　创新的商业平台、政策支持以及资本关注快速推动了欧美电竞产业的发展。随着互
联网带宽的增加以及流媒体技术的成熟，2011 年 Justin Kan 和 Emmett Shea 联合创立针
对包括电子竞技内容在内的电子游戏直播网站——Twitch，将电子竞技直播这一本就和
信息技术有着千丝万缕联系的产业以一种全新的方式联系起来。在 Twitch 电子竞技平
台上，任何用户均可注册成为电子竞技的主播，到 2013 年，Twitch 平台上的 4 500 万名
观众创造了 24 亿小时的电竞赛事观看时长。2014 年，美国的互联网巨头亚马逊以 9.7
亿美元的现金交易收购了电子竞技直播网站 Twitch，证明了电子竞技直播市场的巨大
潜力。

　　美国与欧洲部分国家将电子竞技项目认可为体育运动，推动电竞运动逐步合法化。
2013 年 7 月，美国政府正式批准《英雄联盟》游戏职业玩家成为美国职业运动员，从政
策法规上正式认可电子竞技；② 法国政府于 2015 年 11 月 8 日修改了《数字及电子产品
管理法》，将电子竞技列入法国政府正式认可的体育项目；③ 2016 年美国伊利诺伊州的
罗布莫里斯大学(RMU)正式向社会招收电子竞技项目的特长生，并为其提供高达学费
总额 70%的奖学金，这是美国历史上主流社会第一次对电子竞技和传统竞技一视同仁。
目前，在欧洲已有超过 18 个国家将电子竞技项目认可为体育运动，电子竞技运动在欧
洲的发展受到了高度重视，产业化模式已成型(见图 1.1)。

1.1.2　韩国电子竞技产业发展历程

　　1997 年亚洲金融危机爆发，韩国经济遭受巨大影响。危机过后，韩国政府开始实
施一系列改变产业结构的举措，文化娱乐等不受资源因素约束的产业在韩国快速发展
起来。

　　1. 快速发展期(1990—2000 年)

　　在 1999 年之前，韩国的游戏产业并没有单独的政府政策支持，游戏产业划归在《文

---

　　① 百度百科. ESL. https://baike.baidu.com/item/ESL/12811696? fr=aladdin,2017-08-20.

　　② 腾讯体育. 玩游戏能拿美国绿卡　英雄联盟职业玩家获资格. http://sports.qq.com/a/
20130715/008480.htm,2013-07-15.

　　③ 腾讯游戏. 法国政府承认电竞项目为正规体育项目. http://games.qq.com/a/20151110/001316.
htm#p=1,2015-11-10.

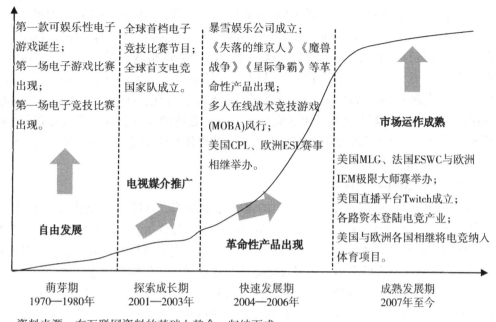

第一款可娱乐性电子游戏诞生；
第一场电子游戏比赛出现；
第一场电子竞技比赛出现。

全球首档电子竞技比赛节目；
全球首支电竞国家队成立。

暴雪娱乐公司成立；
《失落的维京人》《魔兽战争》《星际争霸》等革命性产品出现；
多人在线战术竞技游戏（MOBA）风行；
美国CPL、欧洲ESL赛事相继举办。

市场运作成熟

美国MLG、法国ESWC与欧洲IEM极限大师赛举办；
美国直播平台Twitch成立；
各路资本登陆电竞产业；
美国与欧洲各国相继将电竞纳入体育项目。

自由发展

电视媒介推广

革命性产品出现

萌芽期
1970—1980年

探索成长期
2001—2003年

快速发展期
2004—2006年

成熟发展期
2007年至今

资料来源：在互联网资料的基础上整合、归纳而成。

图 1.1 欧美电子竞技产业发展历程

化发展》《图片电影和卡通艺术》相关法规下。在该阶段，仅有"游戏审议与游戏产品支持"这一个政策是单独为游戏产业而制定的。1999 年是韩国游戏产业发展的关键年，这一年韩国政府在原有的《音乐与视频法》基础上，修订了一部新的《音乐、视频与游戏法》法案，同时成立了"韩国游戏中心"，即为现在"韩国游戏产业发展和促进研究室"的前身。从 1999 年开始，韩国游戏产业成立了主管部门，摆脱了之前韩国游戏产业主管部门不明、权责不清的局面。从此，韩国游戏产业开始了快速发展。

伴随着政策支持力度加大和相关公司的大力推动，韩国电竞赛事逐渐发力。1997年 12 月举办的 KPGL（Korea Pro Gamers League）赛事成为韩国本土最早的电子竞技赛事。赛事的成功吸引了 NetClub、Battle Top 等知名俱乐部纷纷举办自己的赛事，这一系列赛事让电子竞技在韩国年轻群体中开始广泛流传。1998 年暴雪公司推出知名游戏《星际争霸》，恰逢韩国在国内进行大规模的高速互联网接入建设，韩国基础通信业的发达使电子竞技成为一种低廉且大众化的消费，促使《星际争霸》游戏也顺势在韩国迅速扩张。1998 年，韩国仅有 3 000 间网吧，因为《星际争霸》的推动，1999 年网吧数量迅速增长到15 150间。[①] 随后出现了以参加"星际争霸"比赛为工作的职业玩家。借助暴雪公司的投资和组织，电子竞技职业比赛迅速走出狭窄的网吧，首次进入酒店宴会厅，最终来到体育场馆。

---

① 韩国人的电子竞技实力为何能称霸世界？http://www.sohu.com/a/122662921_465287，2016-12-27.

以电子竞技为主要播出内容的游戏电视台和游戏频道对韩国电竞产业的发展也起到了巨大的推动作用。1999 年韩国的 LAND OF EAST 公司联合韩国 Tooniverse 电视台一起举办了 PKO(Progamer Korea Open)比赛。与其他的电子竞技赛事不同，Tooniverse 电视台对此次比赛进行了电视直播。通过此次运作，Tooniverse 电视台看到了电子竞技在电视媒体传播上的巨大潜力，着手建立了韩国第一家游戏电视台——On Game Net。韩国的电子竞技发展进入了以电视为主要传播媒介的新时代，On Game Net、Game-Q、GhemTV、MBC Game 等电视节目相继诞生，为电子竞技的发展起到了重要作用。2000 年世界上首个正式电子竞技职业联赛以及电视转播媒体在韩国诞生，极大地推动了韩国电子竞技产业向前发展。

2. 增长期(2001—2003 年)

2001—2003 年，韩国开始出现专业的电子竞技组织，并吸引了企业资本的注意。2002 年，韩国两大游戏电视台 On Game Net 和 MBC 分别举办了自己的联赛，电子竞技和电视转播更加紧密地联系在一起，进一步推动了韩国电子竞技的发展。在随后的发展中韩国出现了数量众多的赛事，经过市场竞争与优胜劣汰，最终形成了以 KIGL、PKO、KGL 为代表的韩国 3 家重量级赛事的三足鼎立格局，带领韩国电子竞技行业前行。三大赛事的创立大大促进了韩国电子竞技的发展，使得韩国社会对电子竞技产业的发展有了更大想象空间，吸引了众多投资者的兴趣，为韩国电子竞技可持续发展的模式指明了方向。

3. 稳定发展期(2004—2007 年)

2004—2007 年，韩国电子竞技产业热度不断升高，赛事规模不断提升。单场观众人数不断创造新高，最高纪录达到12 000人；WCG 的参赛国家越来越多，从 2003 年的 23 个国家增加到 2007 年的 78 个国家；2007 年，在韩国官方注册的商业推广赛企业达 64 家。

为进一步满足电竞产业的快速发展，韩国政府完善了相关配套设施与配套政策。2005 年，韩国政府建造了第一个电子竞技馆——位于首尔的龙山电子竞技馆。2006 年韩国文化部、体育部和旅游部共同批准成立了韩国职业电子竞技协会(KeSPA)，协会负责管理电子竞技活动，推动其作为合法体育项目的发展。在 2006 年前后，电子竞技产业在韩国的年产值约为 40 亿美元，与其相关的产业链产值甚至超过了韩国的汽车行业。①

4. 产业振兴期阶段(2008 年至今)

2008 年全球金融危机后，为推动韩国电子竞技产业打破现有瓶颈，韩国政府从赛事涵盖人群、赛事国际化程度及产业发展规划上进行了重大调整。在赛事涵盖人群上，2008 年，由韩国文化体育观光部推动，韩国电子竞技协会、韩国文化产业振兴院共同提议成立了韩国总统杯全国业余电子竞技大会(KEG)，其宗旨是将电子竞技推广为全民电竞运动；在赛事国际化程度上，韩国政府积极推进国际电子竞技协议体建设，2008

---

① 电子竞技. https://baike.baidu.com/item,2017-08-25.

年8月，全球数十个国家的电子竞技组织代表汇聚韩国共商合作，并计划在韩国召开国际电子竞技比赛以及第三届游戏新手电子竞技大赛;① 在电竞产业发展规划上，韩国文化体育观光部为推动电竞第二次腾飞，于2010年发布了《e-Sports Innovation 2.0：电子竞技中长期发展计划(2010—2014年)》，并提出五大重点战略以实现韩国电竞产业的振兴。

更为重要的是，经过多年努力，KeSPA于2015年1月被批准正式入编为韩国奥组委的一员，意味着KeSPA所管辖的电子竞技项目将正式成为韩国官方二级奥林匹克运动项目(见图1.2)。

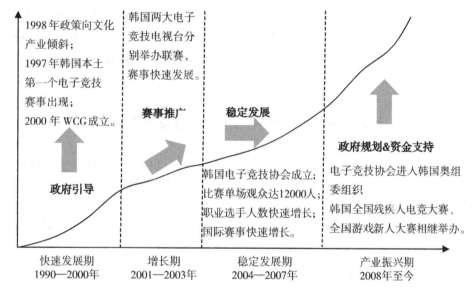

资料来源：作者在互联网资料的基础上整合、归纳而成。

图1.2 韩国电子竞技产业发展历程

1.1.3 日本电子竞技产业发展历程

日本游戏产业发达，游戏人群基数非常大，但在国际性电子竞技游戏大赛中难以看见日本团队以及日本选手的身影。是什么原因让日本这样的游戏超级大国的电子竞技产业显得不那么发达？

从根本上看，日本作为世界电子游戏超级大国，该地位只代表了早期电子游戏(单机)时期的状态。单机游戏与电子竞技游戏的区别在于，电子竞技游戏是人与人之间的游戏较量，而单机游戏是人与电脑或机器之间的较量。因此，在互联网时代，日本在单机游戏上的世界领先地位很难继续保持。单机游戏所需的设备仅仅是游戏机设备，而在

---

① 徐太建. 第六届中国国际数码互动娱乐产业高峰论坛. http://baike.580114.com/k-7215.html,2008-07-16.

电子竞技游戏中，电脑只是作为游戏互动的载体，若要打好并赢得比赛，玩家必须装备其他的配套装备，或与团队进行良好的配合。因此，从产业发展的角度看，日本单机游戏不具备产业拓展的可能性，一旦游戏机售出，其单个消费者的游戏消费能力就暂时止步。而在电子竞技游戏中，玩家需要进行持续性的投入才能获得游戏上的成就感、满足感。其次，日本群众对于电子竞技的认知依然有着很大的偏差，日本主流游戏服务于个人或者家庭，且大多数的日本游戏软件目标客户是儿童，竞技性显然不是厂商对游戏的主要设计需求，这使得日本厂商积极性较低，电子竞技更无从谈起。

但随着全球电子竞技产业的发展，日本为寻求游戏产业发展的突破，也开始对电子竞技行业进行探索，日本电子竞技大赛、赞助商以及组建职业战队的俱乐部逐渐增加。2015 年，日本首次出现了全职工薪制玩家战队，开设了专门培训职业玩家的专科学校，部分日本企业也逐渐参与到电子竞技事业之中；[①] 2016 年，日本举行了首届全国电子竞技大赛，但与韩美等国家相比已落后了约 20 年。因此，在当前阶段，日本电子竞技产业仍然处于萌芽起步期。

1.2　中国电子竞技产业的发展历程

我国电子竞技产业经历了从无到有、从弱到较强的过程。随着社会整体环境的转变，各方面条件的逐步成熟，中国电子竞技产业迎来了难得的发展机遇，正处于历史发展的最好时期。

结合中国电竞产业特点和产业生命周期的一般规律，中国的电子竞技产业发展历程可划分为萌芽起步期、成长探索期和爆发成长期三个阶段。

1.2.1　萌芽起步期(1996—2002 年)

国外电子游戏的引进成为中国电子竞技产业发展的开端。1996 年，国外的一些电子游戏被引进中国，而这些游戏中携带了局域网的对战功能，让新一代的青年发现了公平竞技的乐趣，也意外地促进了中国电子竞技产业的萌芽。1997 年，少数早期游戏用户建立了自发性的游戏组织，组建起初级意义上的"战队"。1998 年，一些非官方形式的赛事举行，但规模相当有限。随着暴雪分别于 1998 年和 1999 年推出的《星际争霸：母巢之战》《反恐精英》游戏进入中国，在中国速掀起了电子竞技游戏的第一股浪潮。

随着竞技类游戏内容不断更新，品质不断提升，加上各大游戏厂商不遗余力地进行市场宣传与推广，电子竞技游戏的参与人数不断上升，规模较大、参与广泛、影响力较强的赛事相继出现。如 WCG 赛事由韩国国际电子营销公司于 2000 年开始在全球范围内举办。同时，世界上首个正式电子竞技职业联赛以及电视转播媒体也在韩国诞生。2001 年我国两名业余选手在韩国杯比赛上斩获两金一银一铜，引起了国人对电子竞技的关注。2002 年 4 月，由中国游戏中心举办的首届电子竞技大会正式开幕，参赛选手涵盖

---

① 佚名：日本电竞产业问题所在：网络游戏无法公平竞争. http://games.qq.com/a/20160301/026758.htm,2016-03-01.

我国大陆地区、港澳台地区共计 30 多万人参加，是当时国内最大规模的电子竞技赛事。2002 年 9 月，国内首个拥有自主知识产权的基于互联网多人联机游戏的电子竞技平台——浩方对战平台，正式运营。

总体而言，在萌芽起步阶段，随着中国电子竞技水平的提升，最早的一批职业选手开始出现，初级层次的地方性电子竞技俱乐部成立，但由于中国互联网整体环境的限制，不能为电子竞技产业提供基础的硬件环境，电子竞技仍处于萌芽阶段，更未形成稳定的电子竞技产业链。

1.2.2 成长探索期（2003—2012 年）

这一阶段的标志性事件是 2003 年中国队在 WCG 赛事中获得三金一银一铜的成绩，中国电子竞技在国际上一鸣惊人。同年 7 月伴随着《魔兽 3》的发布，中国电子竞技掀起了新一轮热潮。2003 年 11 月 18 日，中国体育总局宣布电子竞技成为我国第 99 个正式体育项目（现已更改为第 78 项体育运动），电子竞技得到了官方认可。中国成为世界上第一个将电子竞技列为体育竞赛项目的国家，也是第一个将电子竞技办成国家体育联赛的国家。

2004 年是中国电子竞技产业发展的重要转折点，这一年被称为"中国电子竞技元年"。这一年 ESWC、CPL、WCG 重要的国外赛事纷纷登陆中国。2004 年 4 月份，由国家体育总局主导的中国电子竞技运动会举行，正规体育比赛的模式得到官方层面的认可与推动。然而，随着国家广电总局下发《关于禁止播出电脑网络游戏类节目的通知》，一系列电竞电视节目被停播，赞助商撤出，赛事奖金缩水，使得电子竞技产业的发展遭遇到了"西伯利亚寒流"。但与此同时，线上电子竞技对战平台的出现弥补了电视节目停播造成的影响，依靠新的体系规则颠覆了传统的平台模式。此后，电子竞技产业发展迅速推进：第一支电子竞技国家队正式成立、第一个中国国际电子竞技俱乐部成立。国家体育总局指导全国电子竞技俱乐部与竞赛委员会召开中国电子竞技运动会组委会的年度工作会议，标志着中国电子竞技正式走上了职业化轨道。2005 年，电子竞技项目不断出现在国内与国际的大型赛事与活动中，中国电子竞技产业正走向快速成长阶段。与此同时，国内选手也不断参与国际赛事，持续创造佳绩。我国电竞选手李晓峰在 2005—2006 年连续获得 WCG 冠军，极大推动了国内电竞产业的发展。2006 年韩国职业电子竞技协会（KeSPA）巩固电子竞技作为合法体育项目的初衷和理念深刻影响了中国电子竞技的发展。2006 年，中国电子竞技联盟在北京成立，并于当年 8 月举办了首届中国电子竞技争霸赛。

这一时期国内软件企业也开始涉足游戏产业。2009 年金山软件开发出国内首款国产游戏《反恐行动》，并在同年进入中国电子竞技大会的表演项目。2009 年 11 月，成都成功承办 WCG2009 世界电子竞技大赛，这是中国首次举办全球顶级电子竞技赛事，而由腾讯代理的《穿越火线》与《地下城与勇士》两款游戏正式入围 WCG 比赛项目。

在成长探索期间，电子竞技俱乐部的成立、电子竞技产业在媒体宣传的跌宕起伏、传统媒介的缺位与新兴媒介的介入，推动着中国电子竞技产业寻求新的产业链条与商业模式，也为新兴爆发期的出现奠定了坚实的基础。随着互联网经济的兴起，舆论和政府的监管变得相对宽松，但基于不同的监督管理目标，电子竞技产业忍受着"压制"与"扶持"的矛盾局面。①

1.2.3　爆发成长期(2013 年至今)

2013 年是国内企业大举进入电子竞技产业的爆发期,腾讯相继举办一系列国际赛事、网易推出首款游戏并实施支持中国电子竞技产业的"面包行动"。紧接着由中国联通、小马奔腾影业以及韩国 CJ 旗下的 OGN 等 7 家跨领域产业代表企业组成的电子竞技战略联盟正式成立,欲共同做大中国电子竞技产业。

2014 年注定在中国电子竞技产业发展史中留下浓墨重彩的一笔。这一年有着 14 年历史的 WCG 退出历史舞台,由世界电子竞技大赛(WCA)代替 WCG 挑起全球顶级电子竞技赛事重任。2014 年 7 月,在美国西雅图举办的 DOTA2 第四届国际邀请赛中来自中国的战队获得冠军,并分享了高达 502 万美元的奖金,一举刷新了中国体育史上团队最高奖金的记录。2014 年 WCA 永久落户银川,开创地方政府大力支持电竞产业先河。

新兴电竞商业模式与技术也极大地推动了电竞运动在中国的普及。国内的腾讯、欢聚时代等互联网企业开始参与到电子游戏直播网站的建设中来。中国的电子竞技直播平台化的过程迅速发展,大型互联网企业与新创企业纷纷推出了自己的电子竞技直播平台,而战旗、斗鱼、虎牙等为电子竞技直播而生的直播网站也成为了一支不可忽视的力量。2015 年,国内首个基于大众的电视频道游戏节目诞生;② 2016 年国家体育总局联合大唐电信共同举办全国移动电子竞技大赛(CMEG);2017 年中国体育场馆协会发布全球首个《电子竞技场馆建设标准》,该标准由华体电子竞技公司发起并主编,包括场馆分级、功能分区、用房配置、附属设施设备配套、软件系统、智能化系统等 10 个部分,适用于向社会开放的新建、改建及扩建的永久性电子竞技馆,并对电子竞技、电子竞技场馆、主机电子竞技、移动电子竞技、VR 电子竞技等进行了规范定义。标准的发布实施,必将极大地推动体育场馆存量供给侧改革,也将为电子竞技生态链条上的企业创造更多的商机。2017 年 4 月,电子竞技成为第 19 届亚运会正式比赛项目。借助于新技术、新模式,中国电子竞技产业获得了极大的发展,电子竞技选手实力、赛事举办、赛事规模以及赛事周边服务企业步入快速发展阶段。

另外,国家部委和地方政府在这一时期开始频频发文对电子竞技行业进行规范和指导,中国电子竞技产业在政府的日益重视中突飞猛进。进入爆发发展期的中国电子竞技在国际影响力上有了质的提升,本土电子竞技游戏产品的开发以及本土游戏企业的实力增强,一定程度上扭转了中国电子竞技产业发展中浅层次的"代工"状况;"网游电子竞技"作为新鲜血液补充到电子竞技领域,带来了电子竞技产业整体市场规模的几何级增长;社会舆论开始逐渐向好,电竞产业潜在群体规模逐年扩大;随着电竞商业价值的效应不断被放大,越来越多社会资本参与其中,电子竞技产业的产业链条在广度和深度上得以进一步拓展,电子竞技产业涉及的产业形态变得更加多元化(见图 1.3)。

---

① 艾瑞咨询. 中国电子竞技行业研究报告(2010—2011 年). 2011.

② 2015 年 2 月完美世界(北京)网络技术有限公司与华懿(北京)文化娱乐俱乐部有限公司携手推出国内首个基于大众电视频道的游戏类节目,并在全国 20 家主流省会电视台黄金时段同步播出。

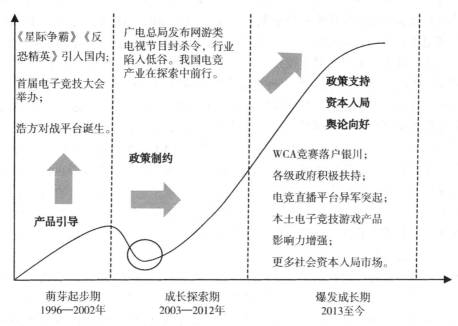

《星际争霸》《反恐精英》引入国内；

首届电子竞技大会举办；

浩方对战平台诞生。

产品引导

广电总局发布网游类电视节目封杀令，行业陷入低谷。我国电竞产业在探索中前行。

政策制约

政策支持

资本入局

舆论向好

WCA竞赛落户银川；

各级政府积极扶持；

电竞直播平台异军突起；

本土电子竞技游戏产品影响力增强；

更多社会资本入局市场。

萌芽起步期
1996—2002年

成长探索期
2003—2012年

爆发成长期
2013至今

资料来源：根据互联网公开资料归纳整理。

图1.3　中国电子竞技产业发展历程

1.3　中国与欧美日韩电子竞技产业发展比较

中国电子竞技产业发展不是一个单一封闭的过程，而是一个多元开放的过程，它一方面深耕于中国社会的土壤，从中"汲取养分"拓展生存空间，同时又不免受到现实的种种制约与束缚；另一方面它属于世界电子竞技产业的重要组成部分，在与其他国家的相互交流、借鉴中完成自身阶段的转变、内容蜕变。因此，中国电子竞技产业的发展与欧美日韩电子竞技产业相比既有很大的相似性，也有较大的差异性。

我国电竞产业虽然与欧美和韩国相比起步晚，却是后来者居上，产值与规模增长快速。从产业生命周期的角度看，中国电子竞技产业仍处于爆发成长期，市场产业链、政策法规、电子竞技平台与赛事、组织运营、商业模式等仍在不断调整适应之中，并将在未来逐步进入产业成熟发展阶段。同欧美日韩电子竞技产业的最大不同在于，我国电子竞技产业发展的政策导向明显，经历了自主引进、社会意识形态抵触、政府支持到政府约束，再到政府提倡的发展轨迹，形成了中国电子竞技产业在政府监督与管理下有序发展的状况。目前，中国电子竞技市场仍缺乏知名的自主游戏品牌，主流产品以引进为主，这使得中国电子竞技产业与世界电子竞技产业的发展具有同步性。

1.3.1　电子竞技产业发展情况和模式对比

中国电子竞技产业由"政府+市场"的复合力量推动发展，与欧美等国家和地区的发展模式存在着较大差异，但同韩国的发展具有一定的相似性。中国电子竞技的政策导向呈现出从放任自由的无监管模式到限制再到提倡与支持的变化轨迹。2003 年，国家体育总局将电子竞技纳入我国第 99 个正式体育项目，中国电子竞技行业迎来第一波发展高潮。然而，随着广电总局对央视《电子竞技》栏目的封杀，我国电子竞技发展陷入低潮。到了 2014 年，游戏直播平台出现再次令电子竞技成为热门概念，并创造了粉丝经济这一商业模式，电子竞技类节目也悄然出现在一些地方电视台。① 近年来，中国电子竞技行业发展呈现出两个显著特征：政府力量全面入局与奖金规模爆发式增长。2016年 3 月，银川市主办的 WCA 与国家体育总局支持的 CMEG 赛事相继开展，成为政府力量参与电子竞技行业的集中体现。而贵阳、昆山、南京等地的地方政府也提出发展电子竞技的主张，甚至将其作为关键性的产业来发展，体现了从中央到地方政府对电子竞技的认知有了新的高度。② 政府入局与赛事奖金的巨大提升，代表着电子竞技在政策与市场两个方面的权重不断提升，预计其未来将进一步融入社会主体经济发展，成为一项影响力巨大的全民竞技体育运动。

欧美中日韩电竞产业发展模式各有特点。电子竞技起源于美国，兴于欧美等国，政府既无政策支持又无发展限制，电子竞技产业的发展完全靠产业的自然生命周期向前推进。而日本作为早期的电子游戏强国，同样存在着市场化路径明显的轨迹。反观韩国，在 1997 年的金融危机前电子竞技产业的市场化发展缓慢，而 1997 年金融危机后韩国政府为寻求新兴产业发展以减少韩国经济受资源型经济的限制而大力发展电子竞技等文化产业。韩国政府在政策、资金等方面给予了电子竞技产业巨大的支持，造就了韩国电子竞技产业天量规模的现状。从上述的论述中可以看出，中国电子竞技产业发展驱动力与韩国同为"政府+市场"的复合力量，而欧美与日本则是以市场发展作为自然驱动力，较少受到政策影响。

欧美中日韩电竞产业的发展情况也大不相同，发展历程与发展速度差异明显。欧美作为电子竞技产业发展的先驱，从产业诞生到产业发展成熟历经近 30 年的时间，其发展历程经历了起步早，占领先机优势，却在全球电子竞技产业发展大潮中先衰而后起的跌宕历程；韩国从 20 世纪 90 年代开始大力发展电子竞技产业到 21 世纪初进入产业发展成熟期用时 15 年左右，通过政府的大力支持，韩国迅速成为世界电子竞技强国，其电子竞技产业产值已超过韩国汽车工业，成为后来者居上的典型代表；中国电竞市场目前仍处于爆发增长期，在市场规模等方面具有巨大的潜力，成为全球电子竞技产业发展的佼佼者；而日本从游戏大国向电子竞技产业大国转型的过程中未能突破加拉帕戈斯现象，③ 虽然近两年日本电子竞技产业发展迅速，但仍处于萌芽成长阶段。

---

① 孙永立. 电竞首获人民日报肯定　寄望社会正确看待"宠而不溺". http://tech.hexun.com/2015-02-27/173588255.html，2015-02-27.

② 中国音数协游戏工委、伽马数据. 2016 年 1~3 月中国电竞产业报告. 2016.

③ 加拉帕戈斯现象是日本的商业用语，指在孤立的环境（如日本市场）下，独自进行"最适化"，而丧失和区域外的互换性，面对来自外部（外国）适应性（泛用性）和生存能力（低价格）高的品种，最终陷入被淘汰的危险。

1.3.2 社会认可度对比

在社会认可度上，中国电子竞技产业的从业人员面临着社会认可度较低的现状，这种情况与社会传统观念、工作稳定性、收入等密切相关。中国电子竞技产业参与选手多半从网吧起步，因此从所谓"正统"社会观念看，电子竞技职业是"不务正业"。尽管在近年来有所改善，但这种歧视声音仍然存在。

欧美日韩等国对电子竞技认同感则较高，社会充分尊重参与这一运动的职业选手和业余选手。尤其以韩国为代表，电子竞技选手在韩国具有很高的社会认可度，韩国总统曾在WCG决赛中同韩国选手同台竞技，显示出韩国对电子竞技选手的重视。

1.3.3 产品原创性对比

电子竞技产业以电子游戏为载体，革命性的游戏产品往往能推动电子竞技产业实现跨越式发展。历史上，数个革命性的游戏产品的推出曾有力推动了电子竞技行业的进步：暴雪公司1994年发布的《魔兽争霸》、1998年发布的《星际争霸》、1999年发布的《反恐精英》、2006发布的DOTA、2009年美国拳头公司发布的《英雄联盟》，这五款游戏均代表着每个时期电子竞技的巅峰之作，极大地推动了电子竞技产业的发展。由游戏产品的发布公司与国家可以看出，美国在电子竞技游戏的原创性上具有绝对的领先地位，而中国、韩国、欧洲主要是引入游戏产品，共同形成全球性的电子竞技产业链。日本单机游戏发展时期具有极强的游戏产品原创能力，最初风行全球的街机游戏如《超级马里奥兄弟》《拳皇》等引领过全球游戏趋势，并拥有任天堂等在内的世界知名游戏开发公司。但在电子竞技游戏时期，日本却始终没有推出引领产业发展的电竞游戏产品。

1.3.4 产业链环境对比

目前电子竞技产业主要存在赛事、俱乐部、选手组成的基础产业链，以及基础产业链延伸出的由粉丝(用户/观众)、游戏厂商、赞助商组成的衍生产业链。欧美与韩国的电子竞技产业发展成熟，产业链主要围绕着内容开发、内容授权、内容生产、内容制作与内容传播等方面展开，较为成熟完善。中国电子竞技产业链还存在着监管部门这一环节。见表1.1。

表1.1　　　　　　　中国与欧美日韩电子竞技产业发展比较

国家地区	发展驱动力	驱动力强弱	发展阶段	发展速度	产品原创性	社会认可度	产业链环境
中国	政府+市场	强	爆发期	起步晚势头最盛	弱	低	全产业链
欧洲	市场	强	成熟期	起步早衰而后起	中	高	全产业链

续表

国家地区	发展驱动力	驱动力强弱	发展阶段	发展速度	产品原创性	社会认可度	产业链环境
美国	市场	强	成熟期	起步最早 保持领先	强	高	全产业链
韩国	政府+市场	强	成熟期	起步中等 后来居上	弱	高	全产业链
日本	市场	弱	成长期	起步晚 不见起色	强	高	弱产业链

资料来源：作者自行整理而成。

☞ **思考题**

1. 电子竞技与电子游戏之间有着怎样的关系？
2. 全球主要电子竞技国家（欧美中日韩）在电子竞技产业发展上有哪些差异？
3. 电子竞技产业链主要包含哪些组成要素？
4. 中国电子竞技产业的发展具有哪些特点？

☞ **参考文献**

[1]储建新.对我国电子竞技运动发展现状的思考.开封大学学报，2005(03)：80-83.

[2]何慧娴.让数字演绎体育无限精彩——电子竞技运动及在中国的发展.体育文化导刊，2004(08)：5-9.

[3]李涛.我国电子竞技产业的发展研究.广西师范大学，2005：12-13.

[4]刘刚，王清明.国内外电子竞技运动产业化的比较.体育成人教育学刊，2008，24(02)：6-8.

[5]刘刚，王清明.国内外电子竞技运动产业化的比较.体育成人教育学刊，2008，24(02)：6-8.

[6]隋晓航.电子竞技运动探析.广西右江民族师专学报，2006(03)：87-89.

[7]杨敬研，李颖卓，李松哲.韩国电竞产业的社会商业经济价值研究.中国经贸导刊，2010(18)：65-67.

[8]杨英.难忘中国电子竞技十年——国家体育总局信息中心副主任杨英.电子竞技，2013(23).

[9]罗添.电子竞技首次纳入国产网游.北京商报，2009-3-27(003).

[10]韩成栋.电子竞技该不该算体育项目.重庆日报，2013-3-25(007).

[11]周志军.欲共同做大中国电竞业"蛋糕".中国文化报，2013-11-15(006).

[12]马作宇.中国电竞玩家：一夜暴富的青春饭.东方早报，2014-7-24(A48).

[13]曹建华.中国电竞产业逆袭成"新宠".国际商报，2017-6-19(A06).

第2章 中国电子竞技产业发展环境与趋势

从中国电竞产业发展的宏观环境看，政府的大力支持推动中国电子竞技产业迎来了春天；平稳增长的经济形势为电竞产业发展提供了巨大的市场潜力；互联网的飞速发展为电竞产业提供了良好的基础设施条件；中国社会对新事物的接受度进一步提升，电竞社会舆论趋向正面。伴随着新技术与新模式的出现，我国电竞行业发展形式将更为多样，空间将更为广阔。

2.1 中国电子竞技产业环境分析

2.1.1 政治环境

政府在我国电子竞技产业发展过程中发挥了重要作用，可以说政策的导向在很大程度上决定了电子竞技产业的发展趋势。

1. 文化产业相关法规政策

基于电子竞技文化现象角度的考察，电子竞技产业包含于整体的游戏产业当中，其必然归属于广义的文化产业门类，因而分析电子竞技产业所处的政治法律环境有必要首先对文化及其相关产业的整体政策环境给予综合考量。

2000年10月党的十五届五中全会通过的《中共中央关于制定国民经济和社会发展第十个五年计划的建议》中提出的"要完善文化产业政策，加强文化市场建设和管理，推动有关文化产业的发展"，成为文化产业政策的历史起点。

2005年8月，国务院出台了《关于非公有资本进入文化产业的若干决定》，第一次从政策层面赋予非公有经济在文化产业领域的合法主体地位，以"鼓励和支持""允许""可以""不得进入"等方式明确了非公有制经济是否可进入文化产业细分领域的情形，其中与电子竞技产业关系密切的"文化娱乐、动漫与网络游戏"等领域均属政策"鼓励和支持"的范畴。

2009年7月，国务院通过的《文化产业振兴规划》，提出以数字内容和动漫等产业为重点，加大扶持力度，完善产业政策体系，实现跨越式发展。文化创意产业要着重发展文化科技、音乐制作、艺术创作、动漫游戏等企业，增强影响力和带动力，拉动相关服务业和制造业的发展。从中可以看出，文化与科技融合的电子竞技产业是可作为重点文化产业来推进的。

2011年10月，党的十七届六中全会通过的《中共中央关于深化文化体制改革推动社会主义文化大发展大繁荣若干重大问题的决定》，提出要"发展健康向上的网络文化。

实施网络内容建设工程，推动优秀传统文化瑰宝和当代文化精品网络传播，制作适合互联网和手机等新兴媒体传播的精品佳作，鼓励网民创作格调健康的网络文化作品。"依托网络媒介的电子竞技作品，必然也要符合有关健康网络文化的政策规定和要求，同时又要切实贯彻文化资源与科学技术融合发展的大方向。

文化部 2016 年从文体娱乐结合的角度切入，明确发文全面放开游戏游艺设备的生产和销售，取消游艺娱乐场所总量和布局要求，并鼓励各地区建立示范转型场所，优先享受文化产业优惠和政府扶持资金等政策。① 总之，电竞产业作为文化产业的一个细分领域，近年来获得了国家全方位的支持。

2. 体育产业相关法律法规

电子竞技运动兴起与中国体育，尤其是竞技体育与数字体育蓬勃发展的时代背景有着极为密切的联系，对电子竞技产业发展环境的考察必然也离不开体育产业的法规政策语境。

2006 年 9 月中华全国体育总会公布《全国电子竞技竞赛管理办法》《全国电子竞技裁判员管理办法》《全国电子竞技运动员注册与交流管理办法》《全国电子竞技运动员积分制度实施办法》，以及《全国电子竞技竞赛规则》等一系列电子竞技规则规范，着眼于"电子竞技竞赛秩序规范，加强裁判员队伍建设，促进电子竞技运动人才资源优化配置，推动中国电子竞技运动健康发展"。这一系列规则规范有助于营造良好的社会氛围，为电子竞技的发展奠定科学理性的基调。

2010 年 3 月发布的《国务院办公厅关于加快发展体育产业的指导意见》中提出创新发展我国体育事业，要做强、做大我国体育事业。电子竞技产业属于新兴产业门类，在体育产业整体壮大的过程中有着"后发制人"的特点，相关电子竞技企业完全可以在此大环境中发挥自身优势，建立起与新兴体育市场和数字体育产业配套的产业链条。

2014 年 10 月发布的《国务院关于加快发展体育产业促进体育消费的若干意见》中提到"把体育产业作为绿色产业、朝阳产业培育扶持，破除行业壁垒、扫清政策障碍，形成有利于体育产业快速发展的政策体系。注重统筹协调，充分发挥体育产业和体育事业良性互动作用，推进体育产业各门类和业态全面发展，促进体育产业与其他产业相互融合，实现体育产业与经济社会协调发展"，从这一定位出发，电子竞技产业是一项绿色环保产业，具有资源低消耗、无污染的特性，且凝结了大量文化创意及设计服务的内容，是文化竞争力的重要来源。意见中提到"到 2025 年，体育产业总规模超过 5 万亿元"的发展目标以及"健身休闲、竞赛表演、场馆服务、中介培训、体育用品制造与销售等体育产业各门类协同发展，产业组织形态和集聚模式更加丰富，体育产品和服务层次更加多样，供给充足"等要求，为电子竞技产业的发展定位规划了合理的方向，构建起具有内容、平台、延伸与服务的完整产业形态成为电子竞技产业的必然选择。

2016 年 4 月，国家发改委联合多部门发布《关于促进消费带动转型升级的行动方案》，其中教育文化信息消费创新行动中包含了"开展电子竞技游戏游艺赛事活动"。

---

① 文化部. 文化部关于推动文化娱乐行业转型升级的意见. 文市发〔2016〕26 号，http://zwgk. mcprc.gov.cn/auto255/201701/t20170118_483653.html，2016-09-13.

2016年9月，文化部发布《关于推动文化娱乐行业转型升级的意见》，提出支持以游戏竞技赛事带动行业发展；教育部将"电子竞技运动与管理"专业增补进《普通高等学校高等职业教育(专科)专业目录》。基于政策角度从多个方面对电子竞技运动进行了长期规划。

2.1.2　经济环境

1. 宏观经济稳定向好

依据国家统计局公布的2017年国民经济数据，2017年全年国内生产总值827 122亿元，按可比价格计算，比上年增长6.9%。城镇居民人均可支配收入36 396元，扣除价格因素实际增长6.5%；农村居民人均可支配收入13 432元，扣除价格因素实际增长7.3%。在居民消费方面，2017年全年全国居民人均消费支出18 322元，比上年名义增长7.1%，扣除价格因素实际增长5.4%(见表2.1)。[①]

表2.1　　　　　　　　　**2013—2017年中国经济运行相关情况**

项目		2013年	2014年	2015年	2016年	2017年
GDP	数额(亿元)	568 845	636 463	689 052	744 127	827 122
	增长率(%)	7.7	7.3	6.9	6.7	6.9
城镇居民人均可支配收入	数额(元)	26 955	28 844	31 195	33 616	36 396
	增长率(%)	9.7	9.0	8.0	7.9	7.3
农村居民人均可支配收入	数额(元)	8 896	10 489	11 422	12 363	18 322
	增长率(%)	12.4	11.2	8.9	8.2	7.1

数据来源：中华人民共和国国家统计局. 中国统计年鉴2017. 北京：中国统计出版社，2017.

中国经济平稳增长、城乡居民收入继续增加、消费水平进一步提升、就业人口持续增加等，这些宏观经济指标展示了中国整体经济环境的良好运行状态和健康发展方向，从而使电子竞技产业的外围发展速度和发展空间可以有较为乐观的前景。在经济新常态的大背景下，教育、文化、娱乐等领域越来越受到人们的重视，囊括电子竞技产业在内的相关产业迎来了有利的发展机遇。

2. 产业结构持续优化

转变经济发展方式、调整优化产业结构成为国民经济发展转型的重要任务和社会各界的普遍共识，这对电子竞技在内的新兴行业是利好消息。2017年全年国内生产总值827 122亿元，比上年增长6.9%。其中，第一产业增加值65 468亿元，增长3.9%；第二产业增加值334 623亿元，增长6.1%；第三产业增加值427 032亿元，增长8.0%。第一产业增加值占国内生产总值的比重为7.9%，第二产业增加值比重为40.5%，第三产

---

① 中华人民共和国国家统计局. 中华人民共和国2017年国民经济和社会发展统计公报.

业增加值比重为 51.6%。[①] 电子竞技产业与高新技术的发展紧密相连，且主要以服务业的形式存在，因而国民经济产业结构调整的方向为电子竞技产业的蓬勃发展带来了契机。

3. 文化创意经济兴起

随着经济全球化的不断推进、信息技术的持续推动、全球化的消费社会形成，传统经济形态及其影响力在整体经济格局中不断降低，以创意经济为代表的新兴经济形态走向了历史舞台。由于电子竞技是技术、经济和文化相互作用的产物，尤其是数字技术和文化艺术的有效融合，因此在文化创意经济兴起的风口，电子竞技产业成功融入主流市场，为快速发展奠定了坚实基础。

2.1.3 社会文化环境

改革开放最早起步于经济领域，但随着步伐的不断深入，社会文化环境也随之发生巨大改变，人们的思想观念、价值判断和文化理念发生了剧变与创新。社会主义市场经济体制的建立与完善，促使原先的价值观体系随之更新，价值观点由一元转向多元并立。随着互联网的普及和新兴文化产业的发展，互联网年轻一代成为消费主力，相关主流媒体不断给予电子竞技正面关注，社会主流舆论对于电子竞技的认知已经逐步改善。

2016 年 10 月 14 日，李克强总理主持召开的国务院常务会议指出：“要出台加快发展健身休闲产业指导意见，因地制宜发展冰雪、山地、水上、汽摩、航空等户外运动和电子竞技等。”2017 年 12 月上海市在《关于加快本市文化创意产业创新发展的若干意见》中明确提出要加快建设全球电竞之都，打造完整的电竞产业生态圈，且各地加紧建设电竞小镇，推动地方电竞产业发展并带动地方经济转型升级。除了政策上的鼓励与引导外，电竞教育正在成为改变社会电竞认知观念的重要力量。包括中国传媒大学在内的 20 多所高校开设了电竞专业，北京大学 2018 年开设了电子游戏选修课，出现课堂学生爆满现象。

电子竞技产业的主要用户是具有一定科学文化素养、使用信息网络技术较为方便的人群，尤以受高等教育的人群居多。随着我国高等教育的不断发展，高校在校生规模已经达到世界第一，且校园电子竞技氛围浓厚，这也为电子竞技产业的进一步发展奠定了良好的基础。

2.1.4 技术环境

1. 移动通信技术的发展

我国至今已发展到第四代移动通信，且技术已成熟应用，第五代通信技术正从实验室走向应用。2013 年 12 月 4 日，工业和信息化部向中国移动、中国电信、中国联通正式发放了第四代移动通信业务牌照，中国电信产业正式进入了 4G 时代。截至 2017 年年末，中国移动 4G 用户数达到 9.97 亿户，4G 网络已基本覆盖全国，并已与 71 个国家

---

① 中华人民共和国国家统计局. 中华人民共和国 2017 年国民经济和社会发展统计公报.

和地区实现 4G 漫游①。4G 技术的高速网络使得丰富的应用、视频通话、互联网游戏等业务更加成熟，这些是电子竞技产业发展的极大利好：一方面电子竞技的娱乐互动平台可以随着网络的延伸得到进一步拓展，另一方面电子竞技产业借此可以丰富其服务内容和形式，形成多样化的业态。

2. 智能终端技术的发展

随着技术的普及和生产成本的降低，以智能手机与平板电脑为代表的智能终端大规模普及。中国信息通信研究院的研究数据显示，2017 年，中国国内手机市场出货量 4.91 亿部，智能手机市场年总出货量为 4.59 亿部，市场占有率高达 93%。目前，以手机游戏为代表的移动游戏发展迅速，是整个电子游戏产业的下一步发展方向。电子竞技移动化是一大趋势，以《王者荣耀》《绝地求生》《终结者 2：审判日》等为代表的电子竞技手游作品已获得极大成功。

3. 人工智能技术的发展

人工智能(AI)技术发展至今，已经对艺术设计、广告制作、教育辅助、游戏运营等领域产生了深远的影响，而游戏的智能化依赖于 AI 的发展，并以此来实现或强化游戏中的虚拟现实与拟人化、动画效果与机器角色场景感知、机器角色的机器学习和进化、玩家与机器角色之间的平衡性，真正让游戏回归其本质属性——"可玩性"，即为玩家提供适度的挑战，使游戏结果具有不可预知性，让玩家在一种亢奋状态下领略游戏中的故事情节，创造一个"生动的世界"。

4. 虚拟现实技术的发展

虚拟现实(virtual reality，VR)技术是一种借助计算机及最新传感器技术创造的一种崭新的人机交互手段。VR 技术最大的特点是交互性，使用户具有身临其境的沉浸感，能够将视听体验提升到新的高度，而 VR 游戏能够较好地支撑 VR 交互性体验的内容。目前 VR 技术发展快速，VR 显示设备已进入市场，并逐步应用到电竞领域。第六届 DOTA2 国际邀请赛(TI6)中加入 VR 观赛模式和 NEST 2016 首次加入 VR 游戏竞技元素，推动了 VR 电竞的发展。融入了 VR 元素的电子竞技，更加精良，体验性更强，可以预见，VR 电竞将会拉动 VR 产品硬件和内容的快速发展，同时也将拓展电竞发展方向。

5. 网络直播技术的发展

网络直播是可以同一时间透过网络系统在不同的交流平台观看视频的新兴网络社交方式。网络直播吸取和延续了互联网的优势，突破了时间、空间的限制，这种模式的发展促进了电子竞技大众化，极大地扩大了电子竞技的受众群体。依托网络直播技术搭建的斗鱼、虎牙等直播平台拓展了电竞赛事的影响力和变现渠道，"互联网+直播"的平台模式将促进电子竞技从观看比赛到观看直播的转变，为打开电子竞技市场带来了潜在的用户与产业资源。

---

① 百度百科. 4G 牌照. https://baike.baidu.com/item，2017-08-29.

2.2 中国电子竞技产业生态环境构成

中国电子竞技产业生态环境的构成具有多层次、多主体、多模式等特点。在产业层次环境上包含了监管层面、管理组织与运作层面、活动层面等；在产业主体环境上包含了政府层面、产品层面、赛事层面、用户层面等；在产业模式环境上则包含了内容授权模式、内容生产模式、内容传播模式等(见图 2.1)。

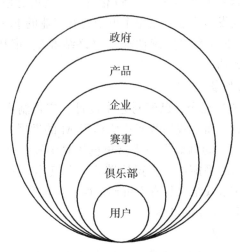

图 2.1　中国电子竞技产业生态环境圈

2.2.1　政府层面

在电子竞技产业中，政府扮演着多种角色。从监管方面看，包括公安部门、文化部门与体育部门等相关部门负责电子竞技产业发展过程中的监督与管理；从发展方面看，政府部门上至国家部委、下至地方各级政府及相关部门，积极推动电子竞技产业规范化、健康化的发展。如国家体育总局在 2003 年将电子竞技纳入我国第 99 个体育运动项目、2017 年 4 月电子竞技作为参赛项目首次进入全运会赛场；2016 年 3 月，银川市主办的 WCA 与国家体育总局支持的 CMEG 赛事相继开展，WCA 永久性落户银川，成为政府力量参与电子竞技行业的集中体现；2017 年 12 月上海市在《关于加快本市文化创意产业创新发展的若干意见》中明确提出要加快建设全球电竞之都，打造完整的电竞产业生态圈；贵阳、昆山、南京等地方政府也提出发展电子竞技的主张，甚至将其作为关键性的产业来发展，体现了从中央到地方政府对电子竞技认知的新高度。

2.2.2　产品层面

电子竞技产业发展的基础是优质的内容。当前我国在电子竞技产品的发展上存在两种极端化发展趋势：大型竞技类游戏产品完全靠引进、代理；而小型手游类竞技游戏产品国产化程度较高。我国电子竞技产业依靠引进国外游戏产品起步，如今国际上主流的大型竞技游戏产品被暴雪公司开发的 DOTA、流行至今的《反恐精英》、以及美国拳头公司开发的《英雄联盟》所垄断，国际主流及大型赛事的游戏均是上述产品。因此中国大型竞技游戏产品通过引进与代理的模式开发国内市场、对接国际市场是正确的选择。而在移动设备迅速普及的中国，开发手游类竞技产品，占据新兴电子竞技产业细分市场是中国游戏开发商与运营商的先见之举。

2.2.3 企业层面

近年来，电子竞技产业快速发展，市场关注热度逐渐攀升，越来越多的企业进行跨界投资，参与到电子竞技行业之中。2016 年巨人网络与阿里体育宣布在移动电子竞技方面达成战略合作；阿里体育将投入 1 亿元，为巨人旗下的移动游戏《球球大作战》配备整套移动电子竞技"装备"；万家文化进入电子竞技赛事运营、内容制作等相关业务；大唐电信旗下新华瑞德与国家体育总局签署合作协议，成为国家体育总局"移动电子竞技"项目的独家合作伙伴。[①] 除此之外传统的游戏企业不断深耕电子竞技行业。腾讯在基于传统的 TGA 赛事和 CF 系列赛事的经验上，在 2015—2017 年间逐渐构筑形成阶梯型的英雄联盟赛事体系，英雄联盟庞大的用户群体、游戏客户端直接推送赛事内容成为腾讯打造英雄联盟电子竞技品牌的优势所在。这种覆盖面更广、赛程更长的赛事体系将有助于腾讯进一步将用户转换为电子竞技受众，同时增强用户对游戏的粘性。网易与完美同时打造具有差异化的电子竞技赛事，进一步推广游戏受众范围。不论是跨界参与者还是赛事运营厂商，中国电竞产业的发展离不开主导型企业的推动发展。从长期来看，低产业壁垒在较长时间内将会持续存在，如何构建有序的、持续的电竞发展模式是未来中国电竞产业发展的重要议题。

2.2.4 赛事层面

我国电竞产业在赛事运作层面与美国、韩国存在一定的距离。目前《英雄联盟》、DOTA2 等主流的电子竞技游戏均为海外厂商研发，国内的运营方主要担任举办次级赛事、业余赛事的辅助角色。相比之下，国内的电子竞技游戏的研发商相当稀缺，且赛事影响力小，尚未形成品牌。

随着在赛事上不断积累经验，中国电竞赛事在 2016 年开启了新的发展模式，以 IP 为主导的商业价值全面凸显，赛事开始具备持续的内容生产力、巨大的自有流量与多元化的商业模式。2016 年 WCA 全年奖金池高达 2 亿元，全球收视人次达到 17 亿次，参赛选手数量超过 40 万，且形成了职业赛、公开赛、外卡赛、中外对抗赛、高校争霸赛、电竞嘉年华等立体式的赛事体系。突破了以往电竞赛事形式，形成具有中国特色的电竞赛事模式。

---

① 上市公司加快布局电竞产业，相关电竞概念股龙头一览. http://www.zhicheng.com/n/20160920/94250_3.html,2016-09-20.

国内赛事自 2014 年后发展迅速，赛事规模、奖金猛增，对于选手曝光度提升、进一步扩大电子竞技用户群、完善电子竞技产业生态起到积极影响。但过快的发展也导致赛事品牌建设和商业化进程并未跟上赛事投入的增长。艾瑞咨询分析认为，独立品牌赛事的延续性是建立长期品牌的第一步，多方合作扩大影响、加强赛事创作能力等将是赛事发展的关键。[①]

2.2.5　俱乐部层面

当前我国电子竞技俱乐部和联盟运作不够成熟。以资本竞相投资电子竞技俱乐部，在改善选手待遇和俱乐部环境的同时，也导致俱乐部运营成本的不断攀升，而俱乐部的商业化运作较弱的问题仍待解决。同时职业俱乐部联盟的成立在保障俱乐部和选手利益、俱乐部规范化方面都起到作用，并逐渐担当起维护国内电子竞技生态良性发展的角色，但仍存在一些运作不成熟、公信力弱等问题。从长远发展眼光看，俱乐部的规范化仍需由政府介入，通过政策监管加强联盟的公信力和执行力度。

2.2.6　用户层面

2015 年中国电子竞技用户规模达到 9 800 万人，2016 年达到 1.25 亿人，增幅为 26.5%，到了 2017 年国内电子竞技用户规模达到了 1.55 亿人左右，增幅接近 24%，考虑到基数庞大，增长十分迅速。2017 年中国电子竞技用户中男性用户占比 81%，女性占比 19%；按照年龄来看，25 岁以下的电竞用户占比 64%，26~30 岁用户占比 26%，而 30 岁是一个分水岭，40 岁以上的用户占比仅为 1%[②]。庞大的用户基础与强大的消费能力给予了电竞产业超大的市场价值潜力。游戏主播作为电子竞技用户层面的特殊存在，其依靠电子竞技解说、电子竞技比赛等从事电子竞技工作。顶尖主播尤其是一些退役选手获得巨额直播平台签约收入，以及粉丝们带动主播淘宝店的创收，一方面为生命周期较短的电子竞技职业选手们铺了一条退路，但另一方面主播收入远高于现役职业选手的不平衡也容易导致电竞选手萌生退意，对职业电子竞技生态建设造成不良影响。

2.3　中国电子竞技产业发展水平与发展趋势

从 1996 年起步，电子竞技行业在中国发展已超过 20 年，但电子竞技产业受到资本关注仅仅近几年才开始：自 2010 年万达等公司的资金投入，国外 TMT 等知名投资机构随之进入国内电竞市场，而到了 2015 年万达、腾讯、乐视等行业巨头纷纷斥巨资投入，2016 年电竞产业融资超过 12 起，资金总额超过 11 亿元人民币，2017 年上半年电竞产业融资规模已超过 10 亿元规模，电竞已经成为资本"风口"，受关注度越来越大。

---

① 艾瑞咨询. 2015 年中国电子竞技行业研究报告. 2016.
② 企鹅智酷，腾讯电竞. 2017 中国电竞发展报告. 2017.

2.3.1　市场规模

1. 整体市场规模

我国电子竞技整体市场收入包括电子竞技游戏产品收入，即电子竞技类型游戏产品业务收入；电子竞技赛事收入，包括赛事赞助收入、版权分销、用户付费打赏、赛事门票等；电子竞技衍生收入，包括电子竞技游戏产品及赛事衍生品收入，如周边产品、手办等。

2014 年我国电子竞技整体市场规模为 226.3 亿元，到 2017 年其规模已经达到了 908 亿元，电子竞技游戏业务收入对其贡献巨大。此外，以 WCA 为代表的第三方综合电子竞技赛事收入也接近 1.3 亿元，俱乐部、直播平台等衍生收入达 8.7 亿元。随着政策不断倾斜、赞助商不断加大投资、互联网直播平台不断发挥影响力，未来与电子竞技赛事、电子竞技直播相关的广告、竞猜和粉丝经济可带来 500 亿元的市场规模。[①] 2014年移动电子竞技游戏收入仅为 40.2 亿元，2015 年为 59.7 亿元，2016 年高达 171.4 亿元，增幅为 187.1%，电子竞技市场份额占比达到 30%，成为移动游戏市场最具增长潜力的细分方向之一。[②]

2. 细分市场规模

电子竞技产业细分市场由电子竞技游戏市场、电子竞技衍生市场(俱乐部、直播平台市场等)、电子竞技赛事市场(赛事、广告、周边产品等市场)组成。中国电子竞技市场快速成长的基础是上述三个细分市场爆发的综合体现。

2014—2016 年中国电子竞技行业各模块收入持续上涨：在电子竞技游戏收入(电子竞技用户付费)上，2014 为 216.3 亿元，2016 年电子竞技游戏收入同比增长 7.2%，达到 263.2 亿元；在电子竞技衍生收入(俱乐部、直播平台收入等)上，2014 年为 8.7 亿元，到了 2016 年，其收入为 39.3 亿元，增幅达到了 190%；在电子竞技赛事(门票、周边产品、赞助收入等)上，2014 年为 1.3 亿元，而 2016 年电子竞技赛事收入达到了 5.2 亿元。[③] 从总量与增长速度上看，电子竞技游戏收入是市场规模的主要组成部分，而电子竞技衍生收入增速较快，随着用户数量保持稳定增长，未来电子竞技行业规模的增长将集中在衍生收入上，电子竞技衍生与电子竞技赛事收入是电子竞技产业未来增长的发力点。

2.3.2　用户规模

国内整体电子竞技用户规模，包括电子竞技赛事用户以及重度的电子竞技游戏及其直播用户(但不包括移动电子竞技游戏及赛事用户)，在 2016 年超过 1 亿户，预计 2018

---

① 佚名：2014 年我国电竞整体市场规模为 226.3 亿元. http://www.sohu.com/a/61779877_115559,2016-03-04.

② 游戏工委. 2016 中国电竞报告出炉：市场规模超 504 亿元. http://games.qq.com/a/20170228/055712.htm,2017-02-28.

③ 艾瑞咨询. 2016 年中国电子竞技行业研究报告. 2016.

年将达到 1.90 亿户左右。推动用户增长的主要动力来自：电子竞技赛事的增多以及在线直播平台的推广拉动更多用户关注电子竞技内容；MOBA 类游戏用户的进一步增长以及未来由《炉石传说》等新增电子竞技游戏品类带来的用户。相关机构给出的市场调研报告指出，2014 年电竞消费群体以及潜在消费群体将达到 3.55 亿人，预计到 2017 年，中国整体游戏玩家规模将超过 6 亿人，庞大的潜在消费群体将为电子竞技产业的飞速发展提供有力支持。①

2.3.3　赛事规模

目前，国内电子竞技游戏门类相当丰富，主要类别包括 MOBA 类、FPS 类、RTS类、TCG 类、棋牌类、竞速类、格斗动作类、音舞类。丰富的竞技游戏种类、广泛的参与人数与庞大的产业市场规模为电子竞技赛事的举办提供了基础。2014 年后，中国电子竞技赛事发展进入高峰期，在此期间赛事数量大幅度增长，根据 GPC、CNG 数据，2015 年国内中大型电子竞技赛事共计 58 个，同比增长 41.5%；2016 年实现大幅增长，中大型赛事共计 94 个，同比增长 62.1%。② 另一方面，赛事质量也在不断提升，已经形成具有影响力的国际大赛与根植本土的地区联赛赛事体系，国际大赛如银川市政府主办的世界电子竞技大赛(WCA)与阿里体育主办的世界电子竞技运动会(WESG)；地区联赛如腾讯、香蕉计划主办的英雄联盟职业联赛(LPL)与北京市体育竞赛管理中心举办的北京电子竞技公开赛(NEA)。2016 年，伴随爆款手游《王者荣耀》热度持续，移动电子竞技赛事迎来蓬勃发展，当年移动电子竞技赛事达到 29 个，同比增长 81.25%。③ 但移动电子竞技赛事受关注程度仍远低于端游电子竞技，同时也意味着移动电子竞技赛事发展空间巨大。

2.3.4　中国电子竞技产业发展趋势

在电竞市场向纵深发展、相关政策放开与技术发展等因素的综合作用下，未来中国电竞产业的发展呈现出五个主要趋势：体育化与规范化、娱乐化与市场化、"电竞+"模式融合、电竞移动化与电竞虚拟化。

1. 向体育化、规范化方向纵深发展

预期电竞生态中各主体将通过合作，建立国家标准，以推行政策法规、规范电竞赛事、培养相关人才等方式推进电子竞技产业的泛体育化发展，使得电竞运动逐渐向足球、篮球等模式成熟的传统体育靠拢，可以使电子竞技项目产生巨大的传播力和影响力，有利于扩大群众基础，加速整体电竞市场的良性发展。

---

① 黎双富. 关于 2016 年的中国电子竞技产业的创业趋势. http://www.lanxiongsports.com, 2016-05-08.

② 中商产业研究院. 2017 年国内电子竞技门类及赛事情况. http://www.sohu.com/a/140744402_765753, 2017-05-15.

③ 中商产业研究院. 2017 年国内电子竞技门类及赛事情况. http://www.sohu.com/a/140744402_765753, 2017-05-15.

2. 向娱乐化、市场化方向横向发展

电竞融合了"泛娱乐"行业属性，共同面向的年轻用户群体重合度非常高，在娱乐化上具有天然的优势。两者逐渐呈现融合趋势，互相借势扩大用户群体，加强影响力。电竞与娱乐的用户是以年轻一代为主体的庞大群体，为吸引广大用户群体，电竞内容形式朝向娱乐化发展，电竞突破内容边界涉足真人秀等娱乐形式；电竞明星涉足娱乐圈，职业选手/主播等出演娱乐节目、音乐 MV 逐步成为常态。而娱乐明星参与直播电竞游戏、代言赛事、参与赛事现场表演成为现在电竞主打宣传模式。

电竞与娱乐的进一步融合将催生出规模巨大的粉丝经济，并带来巨大的用户流量，必然会拓宽电竞产业市场界限。此外，电竞娱乐化向纵深方向发展，扩大电竞竞技的影响人群，提升电子竞技的正面社会形象，推动中国电竞产业的发展与成熟。

3. "电竞+"模式融合发展

通过"电竞+"模式，带动上下游相关产业快速发展。下一步，政府、资本和相关企业将以电子竞技作为支点，撬动游戏、动漫、IT、大数据、旅游、文化创意等新兴产业。"电竞+"模式，可以更好地实现电竞各环节的增值，并有助于延长和提升整体产业链，扩大电子竞技产业规模，进一步巩固用户人群，使电子竞技项目实现良性循环。

4. 移动化趋势明显

2016 年我国移动电竞市场规模占整体电竞市场规模达 53.74%，正式超越 PC 电竞成为国内电竞行业新风口。由于手游操作的低门槛，用户参与、观赛意愿高，众多厂商将战略重心放至移动游戏领域，随着移动游戏的空前发展，移动电竞得到爆发式增长。电竞移动化的发展趋势本质上是消费需求转变的体现。移动设备性能提升、用户群体年轻化、随时娱乐需求被放大等新现象催生出新的电竞市场机会，而以《王者荣耀》为代表的手游电竞产品打开了移动电竞发展的大门。以腾讯、英雄互娱为代表的国内游戏巨头纷纷布局移动电竞游戏及其赛事，促使移动电竞赛事日趋多元化与成熟化。在资本强势参与、企业精心布局、移动需求旺盛增长的综合作用下，移动电竞将成为电竞用户的首选，也将造就电竞移动化的最终趋势。

5. 电竞虚拟化

通过终端设备，360 度远程观看电竞现场赛事，真切感受现场氛围，这是未来 VR 与电竞结合带来的电竞观赛特征。同时 VR+电竞将使得用户置身于电竞游戏场景之中，带来与传统电竞完全不同的竞技体验。电竞游戏在传统 PC 端等平台上的发展已出现局限性，而随着虚拟现实(VR)的火热及其技术的逐渐成熟，VR+电竞的结合无论是在操作形式还是在游戏品类上都有更大的想象空间，电竞虚拟化将成为未来电竞发展的新形式。

☞ **思考题**

1. 你认为我国电竞产业快速发展的原因是什么？
2. 你认为我国电竞产业生态系统目前存在哪些问题？
3. 你认为未来电竞产业的发展趋势还有哪些？

☞ **参考文献**

［1］曹泳鑫. 中国共产党人文化使命研究. 上海：上海人民出版社，2011.

［2］耿卫东，陈凯，李鑫，等. 三维游戏引擎设计与实现. 杭州：浙江大学出版社，2008.

第3章 电子竞技产业典型商业模式类型

电竞商业模式通过对电子竞技的核心要素及其衍生出的粉丝经济、直播平台等进行产业价值流动的描述，解决的是电竞产业如何提出价值主张、进行价值创造与传递以及价值获取的问题。由于在发展历程、发展环境等因素上的差异，世界主要电子竞技市场的电竞产业商业模式存在着较大的差异。目前，存在着三种比较典型的电竞产业商业模式：一是以欧美为代表的市场主导、需求推动的商业模式；二是以韩国为代表的政府主导、市场接力的商业模式；三是中国的政府管理服务与合作、企业创新创造与主导的商业模式。但三种电竞产业商业模式有一个共同点，即均围绕着赛事这一核心要素构建。

3.1 欧美电子竞技商业模式

欧美电子竞技产业经过近40年的发展，其商业模式最具有典型性。在价值主张上，欧美电竞聚焦赛事与参与选手，主张游戏本身价值开发与参与者价值体现；在价值创造上，由于欧美在电竞产业上已深耕多年，其覆盖全产业链的价值创造体系，体现了欧美电竞商业模式的成熟之处。在价值获取上，欧美电竞赛事模式趋向成熟，拥有产业链顶端资源优势，主要依靠中上游领域盈利。

3.1.1 价值主张

在价值主张维度上，欧美聚焦赛事与参赛选手，主张游戏本身价值开发与参与者价值体现。赛事在理念与文化上与中韩有较大差异，欧美电子竞技赛事以吸引更多人到现场参与活动为主要思路，其相应的客户价值主要指的是电子竞技赛事参与选手。受欧美崇尚个性自由、亲力亲为的习惯以及欧美国家电子经济发达生活水平高有较多的业余时间和兴趣的影响，欧美更习惯与强调亲自参与运动和活动，并在其中寻找自身的价值；此外，欧美人较亚洲人而言流动性比较大，因此大量参与人员可以方便地参与到不同地点准备赛事，而不用支付较高的成本。与此同时，美国社会更为多元化，美国高校已将电子竞技当作一项团队体育运动，美国政府也将职业电子竞技选手视作移民的一项条件，因此对于电子竞技的参与者而言参与比赛本身就是一种价值的体现，这也是欧美电子竞技基础广泛的根本原因。在客户关系维度上，欧美国家电子竞技产业厂商基于与参赛选手、观众的良好互动与权利的尊重，维持着良好的客户关系。同时欧美国家有着良好的电子竞技基础与环境，在主要赛事上以业余选手的参与为主，因此从这一事实出发，对欧美国家的电子竞技参与群体主要聚焦在业余选手上。而近年随着移动终端设备的发展，对移动终端用户也逐渐重视。

3.1.2 价值创造

在价值创造维度上，欧美电竞构建了覆盖全产业链的价值创造体系，体现了其成熟之处。在上游，欧美掌握着电子竞技的核心资源：游戏专利与知识产权，通过游戏的授权运营与知识产权收费游戏，开发商可以创造大部分价值；在渠道通路与关键业务上欧美电子竞技赛事组织模式主要是围绕现场比赛来进行的，以电视转播为辅。由于欧美电子竞技的商业模式主要针对的客户是广大的业余电子竞技爱好者，因此其赛事的组织上就侧重现场赛事的公平性和专业性，以提高现场比赛过程中舒适性和感受度；当前欧美电子竞技产业在价值创造的过程中依托于多层次与多维度的合作，在传播途径上与主要的电视台进行专业的游戏直播与转播合作、与直播平台 Twitch 合作进行网络化传播，赛事上主要是电脑软硬件厂商、知名俱乐部与游戏开发企业进行联手合作，打造多方参与的赛事运作模式。

3.1.3 价值获取：盈利模式

价值获取维度上，欧美电竞赛事模式成熟，拥有产业链顶端资源优势，主要依靠中上游产业领域盈利。从成本结构上看，随着近年来专业赛事的增多，参与选手的规模与范围逐渐扩大，赛事的奖金支出也越来越大，电子竞技产业的成本支出主要有两大模块：一是产品的研发模块；二是赛事奖金支出模块。从盈利模式来看，欧美电子竞技产业盈利模式围绕电子竞技专业比赛而进行，侧重赛事公平，对赛事管理非常专业。因此，从这一层面分析，欧美电子竞技产业关注的是赞助商的选择，而美国主要的电子竞技赞助商是电脑软硬件厂商，其持续投入的主要动力在于，通过比赛可以提高自身产品在相关领域的知名度，提高其在高端游戏市场上的占有率。因此，在欧美模式中，赞助商更在意扩大比赛在高端的软硬件消费者及发烧友级别的游戏玩家中的影响力。而欧美国家多掌握着主流游戏产品的专利与知识产权，在盈利模式上主要体现在游戏授权的知识付费上。见表3.1。

表3.1　　　　　　　　　欧美电子竞技产业商业模式内容

重要伙伴 专业游戏开发公司、俱乐部、赛事赞助商等	关键业务 大型赛事运营	价值主张 围绕电子竞技赛事参与选手提供产业服务	客户关系 与参与选手、观众良好互动与权利的尊重	客户细分 聚焦电子竞技业余选手
	核心资源 游戏专利与知识版权		渠道通路 现场比赛为主（CPL、ESWC），电视转播为辅、新兴直播平台热潮	
成本结构 游戏研发支出、赛事运营支出等		收入结构 游戏授权知识付费收入、赛事举办、赞助商赞助		

从上述分析内容可以发现，欧美电子竞技产业发展始终以市场力量为指导，政府更多时候扮演旁观角色。欧美作为主流网络游戏产品的研发地，从游戏到用户的市场化过程创造了电子竞技产业，通过大型赛事变现，并由周边企业深入挖掘相关的周边市场，拓展电子竞技产业的市场规模。见图 3.1。

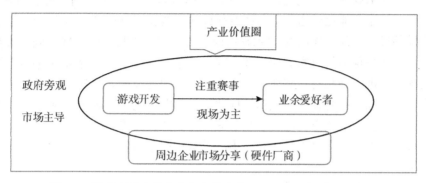

图 3.1　欧美电子竞技产业商业模式类型："一元"推动力量类型

3.2　韩国电子竞技商业模式

韩国电子竞技产业最开始由政府主导，在产业发展到一定规模后，市场接力替代政府主导产业发展。经过近 25 年的发展，韩国已成为全球电竞产业最为成熟的国家之一，并形成了完整的商业模式。在价值主张上，韩国呈现出"政府主导、市场接力、社会认可尊敬"的理念。在价值创造上，通过构建互相合作的生态经济模式，打造相互依赖的嵌入式产业链价值创造模式，并关注赛事这一关键业务，深挖产业价值。在价值获取上，主要以赛事为中心，和通过赛事广告获得电竞产业盈利。

3.2.1　价值主张

在价值主张维度上，韩国与欧美地区有着显著的不同，在韩国真正参与比赛的主要是少数精英职业选手，而这些职业选手通过比赛奖金能够有效实现自身价值。而韩国营造的崇尚电子竞技的风气也使得广大民众将这项运动抬高到了国家级的体育项目级别，甚至与足球和围棋并列。正是因为民众的响应，韩国电子竞技产业极大地扩大了其参与群体，吸引了更多的非游戏玩家进入电子竞技群体，而成功的职业选手更成为明星，经济地位和社会地位都有很大的提高。

韩国电子竞技产业的发展在很大程度上归功于韩国政府的大力支持，提供了电子竞技产业发展所需的政策环境、资源环境、文化环境与社会环境。政府积极推动电子竞技产业发展，产业链中的政府、参与厂商主体、俱乐部、职业选手与业余爱好者均有充分的市场空间、职业发展潜力、社会认同感，使得韩国电子竞技产业链中的客户关系趋向于稳定共生、互利互惠、相互尊重的态势。

3.2.2　价值创造

韩国一流的游戏开发商和硬件生产商较少，主要依靠电视媒体推广电竞，从而提升电竞价值。1999 年初，OGN 以独立专业游戏电视台的姿态成立，标志着韩国在游戏领域有了自己的传播媒体。在此之前，韩国也曾举办过一些星际争霸比赛，OGN 创办的定位就是坚定地走职业化的道路，力图改变以往游戏比赛仅仅是电脑厂商促销活动或网吧宣传活动的尴尬局面。OGN 争取到赞助商强大的资金支持，将比赛放到了大型场馆，并同时邀请世界最优秀的玩家参加比赛，其目的是为了通过电视台这种强势媒体向更多玩家呈现最高水准、最具有观赏性的游戏对抗。再如韩国成立的 WCG 大赛，在 2014 年前作为世界三大顶级电竞赛事，成功地推动了韩国电子竞技产业在国内的快速发展。韩国电子竞技产业拥有的核心资源在于政府的大力支持、完善的电子竞技产业体系与运作模式，形成了强大的社会氛围与效应，为电子竞技产业的发展提供了所需的一切内外部资源与环境。

目前韩国电子竞技产业价值创造的渠道主要来源于赛事举办。韩国电子竞技协会 (KeSPA)推动举办的各类赛事、韩国总统杯全国业余电子竞技大会、韩国电子竞技残运会等带动了门票收入、设备采购、奖金收入、赞助商支出与收入、周边产品收入等，现场赛事成为价值创造最全面的渠道模式，而韩国目前兴起的电子竞技游戏直播与解说平台也催生了新的电子竞技产业价值创造渠道：网络平台电子竞技经济。韩国少数主要的电子竞技俱乐部带动了韩国电子竞技选手的职业化发展，也极大地推动了韩国电子竞技产业产值的提升，因为出色的职业选手能快速地聚焦人气、拉动粉丝经济、扩大电子竞技产业的爱好与从业人群。

总体来看，赛事经营，赛事视频版权转播，周边产品的研发、推广与销售，广告赞助，俱乐部运营，职业选手的识别、培育与包装是韩国电子竞技产业发展的主要业务。但韩国电子竞技未来发展的关键是如何搭建更为有效的平台与产业化模式，进一步提升韩国电子竞技产业规模。

韩国电竞产业构建了相互合作的生态经济模式，打造了相互依赖的嵌入式产业链价值创造模式。韩国电子竞技产业发展至今形成了自己独特的产业体系与运行模式，政府主导推进、市场化结构发展、职业选手引领、周边厂商提供资源的体系与模式，本质上强调的是一种相互合作的生态经济模式，在每一个环节均不可缺少每个主体的参与。因此，韩国电子竞技产业的本质是相互合作、依赖的嵌入式产业链模式。

3.2.3　价值获取

韩国电竞以赛事为中心，延伸电竞产业盈利来源。韩国电子竞技在赛事组织和运营上更为注重比赛的宣传、选手个人的包装，本质上是一种注意力经济。多数赛事由电视台举办，电视台举办赛制公平合理又引人入胜的比赛，选手们全力发挥，反过来提高了电视台的收视率，实现双赢。赞助商从中看到巨大商机，进而投入更多资金，最终职业化被更多人群认可和接纳形成良性循环。韩国电子竞技产业的盈利模式主要分为两种：赛事转播版权的出让和赛事广告，注重赛事宣传和选手包装。不过这类商业模式需要有一定的电子竞技文化基础，才能依靠电子竞技视频等衍生品来壮大产业规模，而不是更多地依靠赞助商的赞助，这就使得韩国的电子竞技的价值获取非常依赖比赛的关注度，也更多地依靠电子竞技视频等衍生产品的销售。见表3.2。

表3.2　　　　　　　　　　韩国电子竞技产业商业模式内容

重要伙伴	关键业务	价值主张	客户关系	客户细分
政府、俱乐部、赛事赞助商、职业选手等	全国性与地方性赛事运营	围绕电子竞技的少数精英职业选手拉动产业增长	参与主体间趋向于稳定共生、互利互惠、相互尊重	聚焦电子竞技精英与专业选手
	核心资源		渠道通路	
	政府全力支持，提供所需资源与环境		WCG赛事，国内各种全国性与地方性赛事、电视转播、网络平台直播	

成本结构	收入结构
赛事运营支出、选手奖金支出等	赞助商赞助、广告、周边产品与赛事举办

韩国电子竞技产业商业模式的推动力量存在"二元交叉"的现象，在电子竞技产业发展初期由政府主导推动产业发展，待产业形成规模政府逐渐退出产业发展的主导地位，由市场接替政府角色，横向拓宽、纵向加深地推动韩国电子竞技产业的发展。通过大型赛事营造社会氛围，通过将电子竞技运动职业化加深国民对电子竞技的认同感。见图3.2。

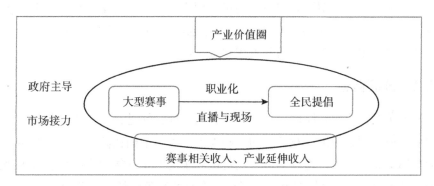

图3.2　韩国电子竞技产业商业模式类型："二元交叉"推动力量类型

3.3　中国电子竞技商业模式

中国电子竞技的商业模式具有政府管理服务与合作、企业创新创造与主导的独特特征。在价值主张上，中国电子竞技的价值主张经历了从单纯关注娱乐化向注重最终用户需求的观念变迁，这一变化实质上是中国电子竞技产业市场化演化的体现；在价值创造上，中国电子竞技形成了"引进+原创"的具有自我特色的核心资源模式，并通过"互联网+电子竞技"让中国电子竞技产业开始重新焕发活力，而政府的积极参与，使得电竞发展的政策环境越来越向好；在价值获取上，我国主要以"内容为王，深耕大型网络游戏与开拓小型手游游戏"的方向挖掘电竞产业市场，并以赛事为核心，经营周边产业，拓展价值链。

3.3.1　价值主张

从早期的电子竞技概念引入中国，到电子竞技形成一定的经济规模，再到现在形成具有广阔前景、市场潜力巨大的新型产业，中国电子竞技的价值主张也随之不断演化。早期的电子竞技价值主张是娱乐化而非商业化，随着电子竞技产业链不断完善，电子竞技产业价值主张面向娱乐化与商业化并重，形成电子竞技产业主体收益最大化的价值主张模式，而非欧美韩面向参与者的价值主张模式。随着进一步发展，我国电子竞技产业的价值主张再次调整为面向最终用户的模式，提出流量变现是中国电子竞技产业实现商业价值的最终出路，而流量变现的最终落脚点体现在用户身上。因此，中国电子竞技产业价值主张观念的变迁实质上是中国电子竞技产业市场化演化的体现。

在中国电子竞技产业发展过程中，政府(以地方政府为主)、游戏厂商、赞助商、赛事举办方、周边产品厂商、职业选手、用户等是互为依赖的，彼此成为客户与合作伙伴。这是一种复杂的产业生态链模式，体现了中国电子竞技产业的参与主体是合作与共生的关系。

而在中国电子竞技产业的客户细分过程中，除了从最终用户层面可将电子竞技游戏用户划分为移动手游、大型网游用户，还可从用户类型出发将用户划分为电子竞技产品(游戏)用户、游戏主播、平台用户等，再细分也可将用户分为赛事举办用户、赛事转播用户、赛事赞助用户、周边产品开发用户等。

3.3.2　价值创造

中国的电子竞技产业在原创产品方面同韩国一样，缺乏具有核心竞争优势的知名大型网络游戏。但是随着中国游戏产业的不断发展壮大，中国在游戏研发、产品产出、原创产品的使用上逐渐发力，通过引进、消化国际主流电子竞技游戏产品、自主研发推广原创产品结合的"引进+原创"的方式，形成了有自我特色的核心资源模式。

中国电子竞技产业的发展一波三折。2004 年 4 月广电总局发布了《关于禁止播出电脑网络游戏类节目的通知》，之后所有电视台有关游戏的节目都被停掉，意味着中国电子竞技的道路不能照搬韩国走游戏电视频道的发展模式。中国的电子竞技开始寻找新的发展模式，随着互联网平台的出现，"互联网+电子竞技"的模式让中国电子竞技产业开始重新焕发活力。从一开始的 P2P(Peer-to-Peer，对等网络)流媒体直播，到后来的视频网站(优酷等)游戏频道,再到现在异常火热的游戏直播平台(斗鱼等),电子竞技借助层出不穷的新兴互联网技术和应用覆盖了大量群体,培育出一大批忠实的电子竞技爱好者。

中国电子竞技产业的价值创造途径近年来主要依靠赛事举办、游戏发行等。近年来中国电子竞技赛事的商业模式也逐渐明晰,从早期简单的买方市场过渡到当前俱乐部、选手、赞助商、专业赛事等分工明确的市场体系。到 2016 年,中国比较有影响力的大型赛事已经达到 94 场,相比以往增长十分明显。① 除了大型的竞赛模式,近年兴起的手游发展势头迅猛,手游领域成为厂商关注的热点之一。

2016 年 3 月,银川市主办的 WCA 与国家体育总局支持的 CMEG 赛事相继开展,WCG 永久性落户银川,成为政府力量参与电子竞技行业的集中体现;贵阳、昆山、南京等地方政府提出发展电子竞技的主张,甚至将其作为关键性的产业来发展,对于推动中国电子竞技产业全面发展具有积极作用。政府在中国电子竞技产业的发展中扮演的角色经历了支持—限制—支持的变迁。从未来发展的趋势看,政府将成为中国电子竞技产业发展的重要参与者,游戏开发、运用、赛事组织与周边产品开发、游戏直播平台等各方面的发展都离不开同政府密切的合作。

3.3.3 价值获取

近几年中国电子竞技架构不断调整,以市场化为目标进行产业孵化与培养,发挥了传统媒介渠道作用并不断创新传播渠道,打造"互联网+电子竞技"的模式,初步形成了良性的产业生态,正吸引着更优秀的选手和从业者加入电子竞技产业。

目前中国电子竞技产业的价值获取来源主要依靠以下渠道:赛事门票收入、广告与赛事视频直播转播版权收入、游戏发行收入、直播收入、赞助收入等。中国电子竞技在赛事理念上,一方面强调赛事的规模可以获取赛事门票收入、赛事赞助与赛事广告收入、赛事转播版权收入,另一方面强调赛事的引领与推动作用,促进整个产业的向前发展。而随着电子竞技产业的持续发展,中国在游戏原创能力方面也持续提升,推出的如《王者荣耀》等手游获得市场的广泛青睐,迅速开拓并占领了移动端市场。目前中国电子竞技产业的盈利模式主要呈现一个原则两个方向:以内容为王,不断开拓游戏内容;深耕大型网游游戏,以赛事门票、赛事赞助与赛事广告、赛事转播版权等获取收入;开拓小型手游游戏,以付费道具为主要模式获取收入。见表 3.3。

中国电子竞技产业发展受到政府管控与引导、市场逐步推动的"一元半"力量影响。电子竞技产业强调内容为王,以内容付费为主,获取产品主要收入,同时通过赛事、产业延伸市场(硬件、广告、直播等)拓展产业市场。见图 3.3。

---

① 游戏工委. 2016 中国电竞报告出炉:市场规模超 504 亿元. http://games.qq.com/a/20170228/055712.htm,2017-02-28.

表 3.3   中国电子竞技产业商业模式内容

重要伙伴 地方政府、赛事赞助商、职业选手与职业团队等	关键业务 赛事运营、游戏开发	价值主张 围绕电子竞技面向娱乐化与商业化并重提供产业服务	客户关系 参与主体间彼此合作与共生	客户细分 客户细分层次多，顶层为赛事举办用户、赛事转播用户、赛事赞助用户、周边产品开发用户，中层为电子竞技产品（游戏）用户、游戏主播、平台用户等，底层为移动手游、大型网游用户
	核心资源 "引进+原创"结合的内容开发模式		渠道通路 "互联网+电子竞技"的游戏直播平台等	

成本结构 游戏研发支出、赛事运营支出、赛事奖金支出等	收入结构 游戏知识付费、赞助商赞助、地方政府出资等

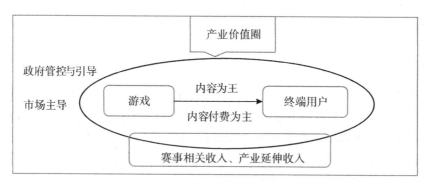

图 3.3 中国电子竞技产业商业模式类型："一元半"推动力量类型

3.4 各国电子竞技商业模式对比

对欧美、韩国与中国的电子竞技产业商业模式的分析从价值主张、价值创造与价值获取（盈利模式）的三个维度进行。对比三个维度发现，欧美、韩国与中国在不同的维度区间具有差异化的比较优势，从而造成了三者电子竞技产业发展现状以及未来发展趋势与潜力的不同局面。

3.4.1 价值主张对比

从价值创造维度看，欧美、韩国与中国具有鲜明的差异，欧美等国围绕电子竞技赛事参与选手提供产业服务，其主导理念是赛事参与者是游戏的真正使用者，并以此为中心，从赛事参与者向游戏爱好者辐射，深入挖掘电子竞技的产业价值；韩国围绕电子竞技的少数精英职业选手拉动产业增长，这与韩国的全民参与的环境密切相关，与娱乐产业类似,韩国的职业电子竞技选手具有强大的影响力与号召力,通过对少数电子竞技精英的关注,能极大推动产业的发展;而中国围绕电子竞技面向娱乐化与商业化并重提供产业服务,意味着中国电子竞技注重的是为最终用户提供价值服务。从上述的对比分析中可以看出,欧美注重为参与选手,韩国注重为少数精英职业选手,中国注重为广泛群体(普通电竞游戏的爱好者)提供价值。见表3.4。

表 3.4 主流国家的电子竞技产业价值主张内容

项目	欧美	韩国	中国
价值主张	围绕电子竞技赛事参与选手提供产业服务。	围绕电子竞技的少数精英职业选手拉动产业增长。	围绕电子竞技面向娱乐化与商业化并重提供产业服务。
异同	异:欧美注重为参与选手,韩国注重为少数精英职业选手,中国注重向广泛群体(普通电竞游戏的爱好者)进行价值主张。		
	同:通过电子竞技游戏提供产业服务。		

3.4.2 价值创造对比

从价值创造维度看,欧美、韩国与中国由于先天条件、后天政策环境的不同,因此各有特色。欧美拥有电子竞技产业上中下游全流程的产业链条,在上游具备强大的游戏开发能力与游戏知识产权;韩国通过电子竞技职业选手和俱乐部引领社会热潮,并发展多种形式的电竞赛事或电竞节目的直播模式;中国引进产品,紧跟主流,自主研发,形成"引进+原创"的核心资源模式,并大力推动互联网+电子竞技发展模式。而在电子竞技如何深入开发产业链方面,其做法大同小异:以电子竞技游戏为核心,通过赛事举办、周边市场延伸等拓展产业范围,将用户、赞助商、职业选手(参与者)、俱乐部、主办方等涵盖起来,形成互通互惠的产业模式。见表3.5。

表 3.5 主流国家的电子竞技产业价值创造内容

项目	欧美	韩国	中国
价值创造	拥有电子竞技产业上中下游全流程的产业链条,在上游具备强劲的游戏开发能力与游戏专利与知识产权;现场与大型赛事、比赛;游戏直播与转播。	电视媒体直播与转播游戏节目与赛事;大型现场赛事;赛事周边产品价值创造;电子竞技网络平台市场;电子竞技职业选手与俱乐部。	引进产品,紧跟主流,自主研发,形成"引进+原创"的核心资源模式;互联网+电子竞技发展模式;大型赛事举办与游戏发行。
异同	异:欧美注重原创产品与大型现场赛事;韩国注重现场赛事与直播赛事结合的方式,同时发展多种形式赛事模式,依靠职业竞技选手与知名俱乐部带动社会整体氛围;中国强调互联网+的电子竞技模式,注重产品本身创造的市场价值;		
	同:以电子竞技游戏为核心,通过赛事举办、周边市场延伸等拓展产业范围。		

3.4.3　价值获取对比

从价值获取维度看，欧美在很大程度上依靠游戏授权与知识付费收入；韩国注重大型赛事与职业选手的带动，推动广告、赞助以及衍生产品市场的拓展，获取周边收益；而中国较为注重的是电子竞技游戏爱好者为游戏本身付费。从盈利模式的共性看，各国均是靠赛事举办、周边产品与赞助商赞助获取收入。见表3.6。

表3.6　　　　　　　　　主流国家的电子竞技产业价值获取内容

项目	欧美	韩国	中国
价值获取	游戏授权与知识付费收入；赛事举办；赞助商赞助。	赞助商赞助；广告；周边产品与赛事举办。	游戏付费；赞助商赞助；地方政府出资等。
异同	异：欧美的盈利模式在很大程度上依靠游戏的版权收入（知识付费）；韩国注重的是大型赛事与职业选手的带动，广告、赞助以及衍生产品市场；中国注重电竞游戏使用者在产品使用过程中的价值获取（游戏付费）。 同：依靠赛事举办、周边产品与赞助商赞助获取收入。		

3.4.4　商业模式内容的差异

世界主流电子竞技国家或地区的产业发展目前处于黄金时期，但是由于各国或地区的电子竞技产业先天条件差异较大、政策环境明显不同、市场化进程各有特点，因此将电子竞技发展的主流国家或地区进行综合对比，将能得到更为直观的异同，对中国电子竞技产业的发展具有很高的借鉴意义。见表3.7。

表3.7　　　　　　　　主流国家的电子竞技产业商业模式内容的对比

项目	欧美	韩国	中国
价值主张	围绕电子竞技赛事参与选手提供产业服务。	围绕电子竞技的少数精英职业选手拉动产业增长。	围绕电子竞技面向娱乐化与商业化并重提供产业服务。
异同	异：欧美注重为参与选手，韩国注重为少数精英职业选手，中国注重向广泛群体（普通电竞游戏的爱好者）进行价值主张。 同：通过电子竞技游戏提供产业服务。		
价值创造	拥有电子竞技产业上中下游全流程的产业链条，在上游具备强劲的游戏开发能力与游戏专利与知识产权；现场与大型赛事、比赛；游戏直播与转播。	电视媒体直播与转播游戏节目与赛事；大型现场赛事；赛事周边产品价值创造；电子竞技网络平台市场；电子竞技职业选手与俱乐部。	引进产品，紧跟主流，自主研发，形成"引进+原创"的核心资源模式；互联网+电子竞技发展模式；大型赛事举办与游戏发行。

项目	欧美	韩国	中国
异同	异：欧美注重原创产品与大型现场赛事；韩国注重现场赛事与直播赛事结合的方式，同时发展多种形式赛事模式，依靠职业竞技选手与知名俱乐部带动社会整体氛围；中国强调"互联网+"的电子竞技模式，注重产品本身创造的市场价值。 同：以电子竞技游戏为核心，通过赛事举办、周边市场延伸等拓展产业范围。		
价值获取	游戏授权与知识付费收入；赛事举办；赞助商赞助。	赞助商赞助；广告；周边产品与赛事举办。	游戏付费；赞助商赞助；地方政府出资等。
异同	异：欧美的盈利模式在很大程度上依靠游戏的版权收入（知识付费）；韩国注重的是大型赛事与职业选手的带动，广告、赞助以及衍生产品市场；中国注重电竞游戏使用者在产品使用过程中的价值获取（游戏付费），以及地方政府为鼓励电子竞技产业的发展推出地方赛事的巨额奖金。 同：靠赛事举办、周边产品与赞助商赞助获取收入。		

3.4.5 商业模式类型的差异

在前文中我们分析了欧美、韩国与中国电子竞技产业商业模式类型的异同。欧美地区是以市场的力量推动电子竞技产业发展，政府作为旁观者的角色，在恰当的时机助推电子竞技产业发展，由此形成了"一元"推动力量类型的电子竞技产业商业模式。韩国的电子竞技产业商业模式的推动力量存在着"二元交叉"的现象，在产业起步发展阶段由政府主导，待产业形成规模后政府逐渐退出产业发展的主导地位，由市场主导。中国目前的电子竞技产业发展既受到政府的管控与引导，又逐步受市场化力量的推动，形成"一元半"推动力量的特殊现象，介于欧美"一元"与韩国"二元交叉"之间。但三种模式未来发展的共同趋势是以市场化的力量持续推动电子竞技产业的发展，同时深入挖掘电子竞技的产业价值。由于在市场规模上有着巨大的潜力，加之中国政府积极推动电子竞技产业的发展，这使得中国电子竞技产业发展有了独特的后发优势。见表3.8。

表3.8　　　　主流国家电子竞技产业商业模式类型的对比

类型	推动力量	产业价值圈		周边市场
"一元"模式	政府旁观 市场主导	游戏开发	注重赛事 现场为主　→　业余爱好者	周边企业市场分享 （硬件厂商）
"二元"交叉模式	政府主导 市场接力	大型赛事	职业化 现场与直播　→　全民提倡	赛事相关收入、产业延伸收入
"一元半"模式	政府管控与引导 市场主导	游戏	内容为王 内容付费为主　→　最终用户	赛事相关收入、产业延伸收入

☞ 思考题

1. 欧美、韩国与中国的电竞商业模式还有哪些形式？

2. 为什么欧美、韩国与中国的电竞商业模式具有较大的差异性？

3. 任何一种商业模式都是在不断地变化发展的，未来中国电竞产业商业模式可能会在哪些方面有所创新？

☞ 参考文献

［1］Zott C, Amit R, Massa L. The business model: Recent developments and future research. Journal of Management, 2011, 37(4): 1019-1042.

［2］Chesbrough H, Rosenbloom R S. The role of the business model in capturing value from innovation: Evidence from Xerox Corporation's technology spin-off companies. Industrial and Corporate Change, 2002, 11(3): 529-555.

［3］Osterwalder A, Pigneur Y. Business model generation: A handbook for visionaries, game changers, and challengers. New Jersey: John Wiley and Sons, 2010.

［4］Teece D J. Business models, business strategy and innovation. Long Range Planning, 2010, 43(2-3): 172-194.

第4章 电子竞技商业模式的结构与设计

商业模式不仅会对单个企业的成长产生深远影响，也决定着特定行业的发展。对于某一行业而言，要想保持持续的生命力和价值创造能力，行业内的企业必须要具备合理的商业模式。商业模式是实现行业机会潜在经济价值的有效工具，是从系统层面诠释商业主体如何发展的蓝图。本章将详细介绍电子竞技行业的商业模式及其构成要素，分析电竞商业模式的价值创造逻辑，阐释电竞商业模式的设计过程、思维和方法。

4.1 电子竞技商业模式的构成要素

电子竞技是利用电子设备作为运动器械进行的人与人之间的智力对抗运动，是电子游戏比赛达到"竞技"层面的活动。目前，随着电子竞技的不断发展，已经形成了以"赛事—俱乐部—选手"为主的核心产业链。为了使电竞行业的竞争格局趋于稳定，获得社会、政府和消费者的深度认可，并得到投资者的资金支持，有必要建立起适合电子竞技行业精细化运营的商业模式。

4.1.1 电子竞技商业模式的内涵

商业模式是多学科交叉的产物，不同学科背景的研究者对商业模式的定义有不同的理解，但普遍认为，商业模式的分析单位是企业。电竞商业模式的本质是电竞行业从业主体的商业模式，而非整个产业的运营模式。在企业层面，组织的经营管理者对商业模式也存在多样性的理解，如把商业模式单纯地看作是经营模式、盈利模式等。本书通过梳理商业模式的相关文献发现，现有研究主要从以下五个方面对商业模式进行了界定。

（1）财务观。财务视角下的商业模式等同于盈利模式，认为商业模式的本质是通过一系列经营管理活动，获取超额利润的商业逻辑。商业模式主体通过有效的商业模式持续获得经济收入是成长的关键。早期的学者也主要关注商业模式的盈利性，如 Afuah 和 Tucci（2001）从盈利能力及盈利性因素等方面，对商业模式的潜力进行了评估。不可否认，商业模式与盈利模式之间确实存在某种关联，但如果仅将商业模式看作盈利模式的话，似乎又过于狭隘，无法对当下互联网时代的商业实践提供完美解释。

（2）系统观。在系统结构视角下，商业模式被描绘为一种包含产品、信息和服务在内的有机系统，该系统对商业模式主体的商业活动、利益相关者、潜在的成本收益进行了详细的描述（Chesbrough & Rosenbloom，2002）。商业模式不再指向单一要素，而是由相互依赖的多种要素及要素间关系共同构成的系统，如工作流程、合作伙伴、收入方式、核心能力等。Zott 等（2011）同样指出，商业模式是由企业及其利益相关者共同组成的活动系统，能够从系统层面对企业的运营提供指导(Zott et al. , 2011)。

(3)战略观。战略管理视角下的商业模式受传统战略理论的影响，被认为是建立企业竞争优势的战略选择。如 Hamel(2000)认为，商业模式包括核心战略、价值网络、客户界面和战略性资源四大要素，全新的商业模式选择可以摆脱既有的竞争困境，突破行业约束。从企业竞争优势、战略定位、战略选择等视角理解商业模式固然可行，但越来越多的学者开始意识到，商业模式与战略本身存在着质的差异。战略是一种权衡和定位，与竞争相关，而商业模式是一种资源配置与交易结构，与战略执行有交集(夏清华，2013)。

(4)交易观。商业模式也被理解为一种交易结构，即交易对象之间形成的有关交易的结构、内容和治理(Zott & Amit，2008)。商业的本质是交易，在交易的过程中会涉及交易的主体、内容、方式及定价等环节，而模式则代表了一种结构，该结构支撑着整个交易过程的实现。因此，商业模式是一种交易结构，包括谁参与交易、交易什么、如何交易及交易收支等内容(魏炜，朱武祥，2009)。

(5)价值创造观。价值创造视角下的商业模式被认为是市场主体的核心商业逻辑，该逻辑下，商业主体首先通过一系列活动创造价值，在满足顾客和利益相关者价值需求的基础上，最终获取价值。Bocken 等(2014)详细论述了完整的商业模式应包括价值主张、价值创造及传递、价值获取三个环节，但也有学者指出，商业模式的核心内容是价值创造，只有真正创造了价值，才能有持续的价值交换和价值获取(Chesbrough & Rosenbloom，2002)。

不同视角下对商业模式的界定各具特色，不同内涵的商业模式与其所处的时代背景密切相关。早期的商业模式关注盈利性，因为只有不断地获利，才能维系商业主体的生存；随着时代的发展，商业活动的目的是创造价值，因此价值创造视角下的商业模式受到了越来越多的青睐。这也从侧面反映了商业模式复杂性、整体性及情景嵌入性的特点。在当今强调"互利共赢、价值共创"的时代背景下，商业模式的核心环节——价值创造已经突破了单个商业主体的边界，正与其他主体或利益相关者一起构建辐射范围更广、作用更大的价值共创网络。对于电子竞技产业而言，其本身具备行业的显著特征，形成了企业、政府、俱乐部、媒体及用户等多要素参与的产业链，因此，电竞商业模式更加强调价值共创与价值最大化，只有通过联合创造价值并使电竞产业的价值增值，才能保证电竞产业链上的主体获得更多的收益。举例而言，我国的电子竞技产业包括竞技项目的内容提供方、政策制定及监管方、电竞赛事主办方、媒体传播方等，多主体之间的有效协作及价值共创是实现电竞产业规范化发展的前提。

综上所述，本书认为：电竞商业模式是商业主体基于对电子竞技及其衍生品的机会开发，旨在实现交易成本最低、价值最大化的资源和活动的最优安排。这里的商业主体既包括企业，也包括政府、媒体及电竞俱乐部等，不同主体主导的电竞商业模式可能存在显著差异。本章主要以电竞行业为例，对商业模式的概念、构成要素、价值创造逻辑、设计思维等进行整体论述与铺垫，第 5、6、7、8 章则分别从政府、企业、俱乐部和媒体主导视角下，对电竞商业模式的设计与创新进行详细介绍。

4.1.2　电子竞技商业模式的构成要素

对于商业模式的构成，鉴于不同企业自身所特有的资源和所处行业的差异，学界以及实业界的研究者会仁者见仁、智者见智，提出不同的要素构成模型。因此，目前无论是学界还是实业界并没有总结出普适性的商业模式构成框架和要素。以下是几个引用率较高的典型商业模式要素模型：

在国外学者中，主要有 Hamel（2000）的商业模式四要素模型：核心战略、战略资源、顾客界面以及价值网络。该商业模式要素模型强调四要素间的相互关联，即企业通过价值网络来制定核心战略和获取战略资源并将企业价值传递到顾客界面。Zott & Amit（2007）的商业模式四要素模型：客户、合作伙伴、供应商、产品市场。该要素模型强调企业的产品市场战略与商业模式各要素之间的合理匹配。Chesbrough（2006）的商业模式五要素模型：市场、价值主张、成本与利润、价值网络、竞争战略。该要素模型要求企业尽量处于一种开放的创新和市场网络之中。Morris et al.（2005）六要素模型：价值、市场、能力、战略、成本及成长六要素，每一要素还划分出基础、专有及规则层三个层次。该要素模型主张企业需要各个要素在三个层面上能够相互配合，特别强调专有层面的商业模式要素可能会为企业带来的竞争优势。Müller 和 Lechner（2005）的七要素商业模式：资本化模式、服务提供模式、服务配送模式、营销模式、收入模式以及外围的价值链配置和商业规划，他们的商业模式要素强调资本的运作技巧和手段，以及如何有效地配置企业价值链的内外要素。Osterwalder（2004）商业模式九要素模型：价值主张、目标客户、分销渠道、客户关系、价值配置、核心能力、合作伙伴网络、成本结构和收入模型，该九要素商业模式聚焦于客户与企业的价值主张，并围绕价值主张去有效安排相关利益主体的自身成本结构和收益结构。Oliver（2008）商业模式的价值网络要素模型，该模型旨在描绘出价值网中的所有网络嵌入者如何围绕核心企业创造商业利润。

在国内学者中，主要有魏炜和朱武祥（2009）的六要素模式：市场定位、业务系统、核心资源能力、盈利模式、现金流结构和企业价值，他们的商业模式要素构成强调如何对利益相关者之间交易结构进行有效及合理安排。

Gerard George & Adam J. Bock（2010）通过调查研究和语义差异分析，发现经理人员对商业模式的理解集中在三个概念维度上，这三个维度是：资源结构、交易结构和价值结构。资源结构指的是企业为服务消费者在组织、生产技术和核心资源方面的静态构成。交易结构是企业与合作者和股东(包括企业雇员)的关键交易的组织配置。价值结构是各种规则、预期和机制的体系，它决定企业的价值创造和价值获取的系列活动。

尽管关于商业模式的表述各有差异，但它的本质内涵应该是一致的，那就是：商业模式是基于机会开发，旨在实现交易成本最低、企业价值最大化的企业资源和活动的最优安排。如何创造并获取价值成为商业模式的主导逻辑（夏清华，2013）。因此，在电子竞技行业，价值主张、价值创造、价值传递与价值获取同样是构成其商业模式的核心要素。目前，电子竞技行业已经形成了较为完备的商业生态（如图 4.1），该商业生态包含多个主体，如内容提供方、媒体、赛事运营方等，不同主体在产业链中扮演的角色和所处的地位存在差异，因而价值主张并非完全一致，具有多样化的特征，但从电竞产业层面来讲，不同主体的共同价值主张是为消费者提供服务，满足用户的娱乐需求并创造经济价值。各主体价值创造的方式不同，如赛事运营方主要通过运营和策划，对电子竞技赛事进行孵化，以举办赛事创造价值；俱乐部主要通过培养电竞人才，向电竞赛事输送职业选手实现价值增值。电竞商业模式主体之间的价值传递路径有很多，如赛事赞助商以资源输送的方式向赛事运营商和内容制作方传递价值；内容提供方向内容制作方和赛事运营商进行产品授权，实现了价值的传递等。在价值获取环节，用户通过购买门票、打赏、游戏付费等途径进行价值输出，输出的价值被电竞产业链上的主体获取并实现利益的重新分配。

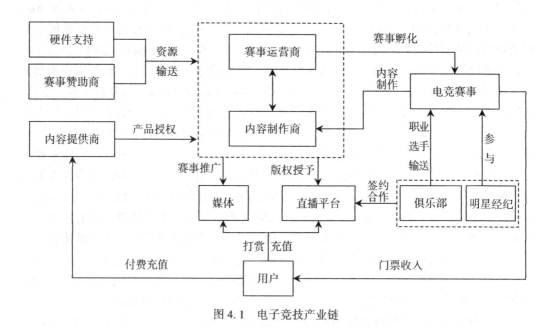

图 4.1　电子竞技产业链

4.2　电子竞技商业模式的价值创造逻辑

商业模式描述了企业如何创造价值、传递价值、获取价值的基本原理，其中创造价值是商业模式的核心。对于电竞行业而言，要想实现产业链的价值增值，离不开其商业模式的价值创造功能。本节主要借鉴**商业模式画布**的工具，阐释电竞商业模式的价值创造逻辑，为相关组织参与电竞产业竞争提供方向。

Osterwalder & Pigneur(2010)提出了商业模式画布的分析方法，它被用于直观地描述、评估并改变一个商业模式，是当下商业模式研究的主流方法。商业模式画布涵盖了一个商业主体的提供物(产品或服务)、基础设施、客户和财务(金融能力)四个方面，全方位地回答了商业模式主体能够提供什么、为谁提供、如何提供、成本和收益是多少的核心问题。不同方面包含多个构成要素(如图 4.2)，对这些要素的深入了解是明晰商业模式价值创造逻辑的关键。

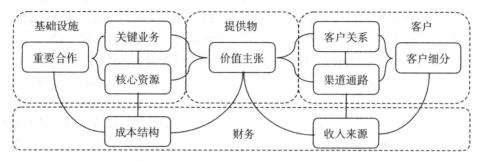

图 4.2 商业模式画布

资料来源：Osterwalder A，Pigneur Y. Business Model Generation：A Handbook for Visionaries，Game Changers, and Challengers. Hoboken：John Wiley & Sons，2010.

4.2.1 提供物

提供物旨在回答商业模式主体能够提供什么样的产品或服务，构成要素是价值主张（value propositions）。价值主张描述的是企业为特定顾客群体提供的，能够为顾客创造价值的产品和服务。这些产品或服务可能让顾客感受到了全新的体验，满足了定制化的需求，也可能设计精美、价格低廉，具有较强的实用性等。电子竞技行业包含不同类型的企业，不同企业的价值主张不尽相同，如内容制作商的价值主张是提供精美的游戏，满足用户娱乐性的、竞技性的需求；电竞俱乐部的价值主张是培养优秀的电竞选手，为电竞赛事服务；电竞直播平台的价值主张是为用户提供详实的电竞比赛过程欣赏和分析等。一般而言，在电子竞技这条产业链上，有太多的产品或服务能够为用户创造价值，电竞从业者需要深入挖掘这些潜在的价值因素，清晰地了解应该向用户传递什么价值，帮助用户解决什么问题，满足用户什么需求，提供哪些产品和服务组合以满足不同的用户群体等。

4.2.2 基础设施

基础设施是如何向特定用户群体提供价值的关键，构成要素包括重要合作（key partnerships）、关键业务（key activities）和核心资源（key resources）。其中重要合作描述的是商业模式顺利运行所需的供应商和合作伙伴网络。单个企业不可能拥有创造价值的所有资源，与其他企业构建合作关系是实现价值创造的关键。目前，我国电子竞技行业处于快速发展阶段，行业成熟度较低，仅仅依靠政府或某一企业很难持续推动电竞产业的发展，因此，合作显得尤为重要。一般而言，企业可以通过多种途径建立合作网络，如同非竞争者构建战略联盟、与竞争者建立战略合作关系、为开发新业务与其他企业建立合资关系、为保证资源供应与供应商建立联系等。设计电竞商业模式时要明确：谁是我们的关键合作伙伴？谁是我们的关键供应商？我们从合作伙伴那里获得了哪项核心资源？我们的合作伙伴参与了哪些业务？通过对以上问题的深入分析，有助于企业优化自身的商业模式。

关键业务描述的是企业为保障商业模式正常运行，所需要执行的关键业务活动。一般而言，生产是商业模式中占支配地位的业务活动，生产涉及对产品的设计、制造等环节。生产能够创造价值，是财富分配的前提。举例而言，电子竞技依托于游戏，如何设计并制作出具有美感的、富有竞技性电子游戏是电竞内容生产商的关键业务；电子竞技赛事需要有强大的电子设备作为支撑，生产出功能强大的、灵敏度较高的硬件设施是硬件制作商的关键业务。当然，在电子竞技的全产业链中，并非所有参与者都是以生产作为关键业务的。如媒体的关键业务是赛事的推广与传播，赛事运营商的关键业务是通过赛事孵化，举办电子竞技比赛。电竞行业的不同参与者在设计商业模式时，需要明确：我们的价值主张需要哪些关键业务？我们的分销渠道需要哪些关键业务？客户关系的维系需要哪些业务？收入来源需要哪些关键业务？

核心资源描述的是企业为保障商业模式正常运行，所需要具备的资源、能力、技术等核心要素。资源是企业创造价值、分享价值的基础。企业的核心资源一般包括物质资源、人力资源、知识性资源以及金融资源，不同的商业模式对核心资源的需求有所不同。在电子竞技行业，腾讯电竞目前处于龙头地位，其核心资源是拥有多款现象级的游戏，以及通过 QQ 和微信平台长期集聚的用户量。当然，腾讯电竞在推动电竞产业发展过程中表现出来的资源整合能力也是其成功的关键。TeamWE 是一家中国电子竞技俱乐部，成立于 2005 年 4 月 21 日，它的核心资源是通过持续的运作建立了多个电子竞技战队，如英雄联盟分部、英魂之刃分部等。另外，TeamWE 还培育了大量的电子竞技明星，形成了粉丝经济，这也是其核心资源。电竞企业在设计商业模式时，需要明确：我们的价值主张需要哪些核心资源？我们的分销渠道需要哪些资源？客户关系的维系需要哪些资源？收入来源需要哪些资源？

4.2.3　客户

商业模式画布的客户模块包含三种核心构成要素，分别是客户细分（customer segments）、客户关系（customer relationships）和渠道通路（channels）。其中客户细分描述的是企业希望获得的和服务的目标人群及组织。为了更好地服务于客户，企业应当按照行为、特征和需求的差异，将客户细分为不同的群组，然后慎重地选择服务于哪些客户群体，以及忽略哪些客户群体。电子竞技作为一个新兴行业，一开始并不被大众所接受，尤其受传统思想及文化的影响，人们往往将电竞等同于游戏，认为其弊大于利，甚至电竞比赛一度被中央电视台封杀。社会大众的反对以及无法在主流媒体的传播显然限制了电子竞技运动的用户范围。目前，电子竞技的用户主要是 20~30 岁之间的群体，这部分群体是电竞行业服务的主要对象。当然，电子竞技游戏分为不同的品类，如 MOBA、竞速类、休闲类、射击类等，不同品类的游戏都有各自的用户群体，企业需要做的就是要清楚，到底为谁创造价值？谁才是企业最重要的客户？

客户关系描述的是企业与目标客户群体之间所建立的关系类型。如基于人际互动的私人服务关系、为顾客指定固定客户经理的专属私人服务关系、提供自助渠道的自助服务关系、将自助服务和自动化流程结合的自动化服务关系、以在线社区为媒介的社区关系，以及基于价值共创的客户协作关系等。举例而言，在电竞产业的下游，衍生了许多服务类的公司，这部分公司针对特定的用户提供个性化的服务，如武汉 NOVA 电竞文化公司专门服务于一些游戏玩家，通过培养一批游戏"打手"和"代练"，帮助客户提升游戏等级，满足客户娱乐消遣的需求，这种客户关系类型就是基于互动的私人服务关系。在电竞行业参与竞争的企业需要明确：我们的每一个客户群体期待与我们建立并保持何种类型的关系？我们已经建立了哪些类型的关系？这些关系类型的成本如何？这些客户关系类型与我们商业模式中其他的模块是如何整合的？

渠道通路描述的是企业与顾客群体建立沟通与联系、传递价值主张的路径。一个完善的渠道通路有助于顾客了解并购买企业的产品和服务，评估企业的价值主张，同样也帮助企业向顾客传递价值主张并为顾客提供售后支持。如电竞直播平台应当考虑给顾客传递什么样的电竞内容？客户希望通过 PC 端还是移动端与我们建立联系？不同渠道的成本效益如何？顾客通过什么途径付费？签约主播和自主培养主播哪种方式能够缩减渠道成本？

4.2.4　财务

财务模块关注的是企业的盈利情况，构成要素包括成本结构（cost structure）和收入来源（revenue streams）。其中成本结构描述的是实行商业模式所涉及的全部成本，如固定成本、可变成本等。设计商业模式时，有成本导向和价值导向两种类型。成本导向的商业模式设计追求成本最小化，如提供低价的价值主张；价值导向的商业模式设计关注价值创造，如高度的个性化服务。大多数商业模式的成本结构是处于两者之间的。电竞企业在设计商业模式时，应当掌握：商业模式中最重要的固定成本是什么（如制作游戏的投入成本和举办赛事的场地费用等）？最贵的核心资源是什么（IP、选手、游戏版权、战队等）？最贵的关键业务是什么（渠道拓展、设备购买等）？

收入来源描述的是企业从目标客户群体中获得的扣除成本的现金收益。商业模式中包含的收益来源一般有两种类型，其一是客户一次性支付产生的交易收入，其二是客户为价值主张和售后服务所支付的持续收入。电竞产业的收入来源有很多，且产业链不同环节的收入来源不同，行业上游的内容制作商通过出售游戏版权获得收益，中游的赛事运营商及俱乐部通过出售转播权、门票等获取收益，下游企业（如电竞直播平台）通过服务获取收益。企业需要明确：究竟何种价值是让我们的客户真正愿意为之买单的？客户目前正在为之买单的价值主张是哪些？客户目前使用的支付方式是什么？他们更愿意使用的支付方式是什么？每一个收益来源对于总体收益贡献的比例是多少？

4.3　电子竞技商业模式的设计思维

商业模式不是管理者臆想的结果，而是遵循一系列既定设计流程的设计思维。商业模式设计在整个商业活动中处于非常重要的位置，是商业系统中不可或缺的一环。美国联合包裹公司于 2009 年发布的《UPS 亚洲商业监察》调研报告显示，在面对全球经济环境骤变的情形下，中国大陆 93% 的中小企业倾向于重新设计商业模式。本节首先界定了商业模式设计的内涵，总结了商业模式设计的基本流程，然后针对电竞行业提出了几种有代表性的商业模式设计思维和设计方法。

4.3.1　电子竞技商业模式设计内涵

商业模式设计的构念雏形来源于 Amit & Zott(2001)的研究,他们在回顾分析传统理论的基础上,以欧美 59 家电子商务企业为研究对象,通过案例研究发现了电子商务企业价值创造的源泉有四种途径,分别是:效率(efficiency)、互补性(complementarities)、锁定性(lock-in)和新颖性(novelty)。在这两位学者后续的一系列研究中,进一步将商业模式设计的主题划分为创新型和效率型,其中效率型商业模式设计关注企业如何降低交易成本、提升效率;创新型商业模式设计关注企业如何运用全新的技术、活动、管理方法、交易机制等,实现战略资源潜在经济价值的最大化开发(Zott & Amit,2007,2008,2010)。

一般而言,在设计商业模式时应该考虑三个方面。第一,将商业模式的构成要素概念化,明确这些构成要素的基本内涵,如价值主张、盈利模式、内部流程等。第二,以商业模式主体所拥有的资源、能力、产品及服务为基础,将商业模式的各构成要素进行组合,从而形成独特的商业模式。第三,在要素组合的基础上,进一步建立并逐步完善企业的制度规则,将商业模式制度化(Morris et al.,2005)。

综合以上观点不难发现,商业模式设计的本质是对商业模式各构成要素、要素间关系及要素主体进行系统性的构思、建构的过程。电竞商业模式具有多主体的特征,不同主体一方面要跨越组织边界,与外部利益相关者建立某种联结,如电竞俱乐部应当与赛事运营商就赛事举办与比赛选手输送建立特定的契约关系;同时,各主体也要确保内部各个系统之间相互协调配合。

4.3.2　电子竞技商业模式设计流程

商业模式设计不是一蹴而就的,而是要遵循既定的流程。Osterwalder & Pigneur(2017)提出了商业模式设计的五个阶段,分别是:动员、理解、设计、实施和管理。这五个阶段不一定呈现出线性结构,即商业模式设计不一定完全按照这五个阶段的逻辑顺序循序渐进地进行,而是在设计的过程中有可能发生重复迭代的情况。举例而言,理解和设计阶段往往会同时出现,在理解阶段可能会进行简单的商业模式设计,粗略的勾勒出商业模式的框架;在设计阶段,有可能会出现新的想法或面临新的事物,需要进一步回归到理解阶段重新加以设计。下文将以电竞行业为例,详细诠释电竞商业模式设计的五大流程。

第一,动员阶段。该阶段主要是对商业模式设计做前期的准备工作,比如让组织内部各部门及外部利益相关者了解商业模式设计的必要性和重要性,建立统一的语言来描述、设计和分析商业模式。电子竞技虽然已经被列为体育运动项目,但有别于传统的体育,它是以电子游戏为主要依托的,目前对于整个市场的渗透率相对不足,电子竞技的专业游戏术语还没有被大众完全接受和理解。因此,动员阶段建立统一的语言,形成一致的认知是有必要的。动员阶段的主要活动包括制定商业模式设计项目的目标框架、验证最初的商业创意、制定具体的设计计划和组建合适的团队。不同的设计项目对人员的要求有所不同,如何组建合适的设计团队,发挥团队成员的经验、知识和技术优势,是商业模式设计成功的关键。电子竞技行业正处于成长期，商业机会与运营风险共存，动员阶段应当避免对某一商业模式创意的过于自信，而是要探索所有的可能性，寻找最有价值的途径。

第二，理解阶段。该阶段的目标是深入分析商业模式设计所涉及的要素，对商业模式的内外环境建立深刻的理解。理解阶段的主要活动包括扫描环境、研究潜在客户、访谈专家、搜集信息和创意、调研相关案例等，如及时掌握市场中实力较强的电竞俱乐部有哪些？潜在目标客户的行为特征是什么？设计团队需要深刻了解客户、市场、环境和技术等因素，并通过信息搜寻和信息获取，形成有价值的商业模式创意。当下的商业实践中，仅靠模仿目标企业的商业模式是不太可能成功的。因此，在理解阶段，需要对已有商业模式案例进行深入的分析与讨论，在此基础上挑战行业中既有的商业模式类型，突破传统规则约束。电子竞技本身作为一个新兴行业，市场中可供其参照的商业模式类型并不多，与电竞商业模式相似性最大的是一些传统的体育赛事，如 NBA（National Basketball Association）、CBA（China Basketball Association）等。这些体育赛事虽然形成了完善的商业模式，但依然存在诸多问题，改革是一种常态，因此，电子竞技商业模式设计过程中，可以模仿传统体育赛事商业模式的优点，同时更应该做到标新立异与创新。

第三，设计阶段。该阶段主要是将所获得的信息和创意转化为可被开发和验证的商业模式，涉及的活动包括头脑风暴、商业模式建模、验证和甄选。通过头脑风暴可以获得多样性的创意，尤其与其他行业或领域的人员一起探讨时，效果更加明显。有了创意之后，通过建模可形成多个不同的商业模式备选方案，然后对不同方案进行深入分析和讨论，验证方案的可行性，最终选择最优的商业模式设计。该阶段要避免以偏概全，过分夸大某一创意或商业模式方案的价值，而是要客观地、深入地探究不同方案背后潜在的真正价值。以电竞俱乐部为例，选择自己培养电竞战队和直接购买电竞战队是两种不同的模式，前者成本相对较低，培养的玩家具有较高的组织忠诚度，可避免人才流失，但周期较长，短时间内很难与市场上其他竞争对手展开竞争；直接购买电竞战队的成本相对较高，好处是可以在短期内参与到行业竞争中，占据一定的话语权和主动权。哪种模式更适合，是电竞商业模式设计阶段需要考虑的问题。

第四，实施阶段。该阶段主要是将商业模式设计的结果投入商业实践中，让其发挥价值的过程。在实施商业模式时，要管控不确定性因素，建立相应的机制，并根据情景变化对商业模式做出及时的调整。我国电竞行业经历了探索期、市场启动期，目前正处于高速发展期，这一时期电子竞技产业形成了初始的商业模式，各衍生市场具有一定的规模，行业的整体发展越来越规范化，市场准入的门槛逐渐提高。在电竞的高速发展期，实施特定的商业模式设计结果不是最终目的，最终目的是要通过实施的过程（也即试错的过程），寻找现有商业模式的缺陷，以便于进一步优化电竞商业模式设计。在优化的过程中，还可能面临着如何对接新旧模式的难题，如何让新旧模式相辅相成，实现价值增值。

第五，管理阶段。该阶段是根据市场反应，建立相应的组织结构或管理机制，持续地对商业模式进行监控、评估、调整和优化。管理阶段涉及的活动主要是对内外环境的管理和对多个商业模式之间的协同和冲突的管理，有针对性地更新、评估和调整现有商业模式。商业模式一经形成，短期内会相对稳定，但这种稳定性可能会越来越不能满足商业实践的要求。电竞行业还没有进入应用成熟期，市场的竞争格局还不够稳定，未来政府会对电竞行业进行更多的干预，如何响应政府政策导向，是管理电竞商业模式的重点。

4.3.3　电子竞技商业模式设计思维

商业模式设计虽然是以环境信息中客观的因果关系为依据，但事实上，构成商业模式的要素及要素间关系是商业模式设计者主观认知图式的映射。在认知视角下，商业模式设计的起点是存在于设计人员大脑中的认知图式，通过对认知图式的组合利用，首先在大脑中形成一种有关商业模式的结构假设，然后将这种结构假设进一步转化为现实的商业模式的客观结构（Martins et al. , 2015）。所谓的认知图式，其本质是一种思维逻辑或思维过程。所以说，商业模式设计思维决定了商业模式设计的结果。下面将重点阐述两种商业模式设计思维。

1. 以客户为中心的设计思维

奥斯特瓦德和皮尼厄在《商业模式新生代》一书中对比分析了以客户为中心的设计思维和以组织为中心的设计思维（如图 4.3），对于电竞行业同样适用且具有启发意义。本书认为，电子竞技商业模式设计应当以客户为中心，其原因是对客户的深入理解有可能会发现全新的商业机会，对客户需求的精准把握有助于指导商业模式设计的进程。客户导向视角是商业模式设计的指导原则，客户的需求和观点决定了价值主张、价值网络、收益来源等商业模式的构成要素。电竞商业模式的设计同样需要摒弃以组织为中心的本位主义，时刻铭记用户及利益相关者的需求，以用户需求为商业模式设计的核心，掌握用户真正愿意为哪些价值付费。如电子竞技内容提供方需要考虑，什么类型的游戏（竞技型、娱乐型、休闲型等）是用户喜欢的，愿意花费时间和精力去参与的，并心甘情愿为之付费的；手游直播平台需要清楚用户喜欢的直播风格是什么，用户是否有其他需求，直播内容的多元化是不是商业模式设计的重点等。总之，以组织为中心的商业模式设计和以客户为中心的商业模式设计是两种完全不同的思维方式，组织需要做的就是即刻转变设计的视角，关注用户需求，围绕用户需求设计商业模式。

2. 以能力为中心的设计思维

Zott 和 Amit 在一系列研究中，将商业模式设计的主题划分为创新型和效率型，前者关注如何降低交易成本、提升效率；后者关注如何运用全新的技术、活动、管理方法、交易机制等，实现战略资源潜在经济价值的最大化开发。这两种商业模式设计主题对组织的资源、能力、结构等各方面要素都有不同的要求，组织很难同时设计出兼顾效率与创新的商业模式。即便存在这种可能，也会对组织提出较高的要求，而且这种复合的商业模式设计往往会适得其反。因此，组织应根据自身的能力水平，选择合适的商业模式设计主题。电子竞技目前正处于快速成长期，已初步形成了商业化产业，在电竞产业的各个环节，不乏一批在资源、能力等方面相对较弱的企业或组织，对于这部分组织而言，更多地选择效率型商业模式。如在游戏直播环节，部分组织更加看重赛事版权的性价比、签约主播的性价比等；在赛事环节，部分组织不断提高战队的运营水平，评估职业选手的性价比。这些组织的目的是要最大限度降低成本，提升组织的运营效率，本

以组织为中心	以客户为中心

以组织为中心
* 我们能卖什么给客户?
* 我们如何能有效地连接客户?
* 我们需要和客户建立什么样的关系?
* 我们如何从客户身上赚钱?

以客户为中心
* 我们的客户需要完成哪些工作?我们如何帮助他?
* 我们的客户有何种抱负?我们如何帮助他们成就自我?
* 我们的客户倾向于以何种方式接触?作为一家企业,我们如何能以最合适的方式融入他们的日常工作?
* 我们的客户希望我们和他们建立哪种关系?客户真正愿意为哪些价值付费?

图 4.3 两种思维下的商业模式设计

资料来源:亚历山大·奥斯特瓦德,伊夫·皮尼厄. 商业模式新生代. 北京:机械工业出版社,2017.

质上是追求一种效率型的电竞商业模式。相反,在电子竞技产业领域能力较强的组织更多的是凭借雄厚的资源、核心的 IP、全方位的战略布局等,设计出创新型的商业模式,逐渐占据电竞行业的龙头地位。以腾讯为例,其已经涉足 VR 领域,以"智能手表""智能手机""微游戏机""虚拟现实"四大智能硬件为主攻方向,构建平台化的战略布局。将电竞行业与 VR 产业进行跨界融合,是腾讯公司在电竞领域创新型商业模式设计的具体体现。因此,组织要具备以能力为中心的设计思维,根据资源、能力、技术等方面的禀赋,设计出与企业能力相匹配的商业模式。

此外,商业模式不是一成不变的,也不存在唯一科学的商业模式。设计者要具备动态性的、系统性的设计思维,不断地对商业模式的初始模型进行调整,尝试着去增加或剔除一些要素,或改变要素间的联结关系,观察调整后的商业模式会发生什么变化,这种变化是优化了还是削弱了先前模型的功效。通过对商业模式各构成要素的增减变动和随机组合,同时构建多个商业模式模型,然后对不同的模型进行比较分析和深入讨论,最终确定切实可行的商业模式。

4.3.4 电子竞技商业模式设计方法

虽然商业模式千差万别,但商业模式设计却有章可循,设计的详细过程受一系列方式方法的指导。本节主要介绍两种商业模式设计方法,分别是:机会与模式匹配方法和战略与模式匹配方法,希望通过对这两种方法的领悟能够帮助电子竞技领域的企业设计出适合自身成长的商业模式。

1. 机会与模式匹配方法

商业模式设计的起点往往是基于某一商业机会。何为机会?机会是顾客未被满足或潜在的需求,是企业潜在的商业创意或收益来源。目前,电子竞技成为了新兴行业,正处于快速成长阶段，根据易观的数据分析发现，2017 年我国电子竞技市场规模达到了 900 多亿元人民币，2018 年有望突破千亿元大关。这对于电子竞技行业中或准备进入该行业的企业而言，可以说遍地是机会。如何挖掘电竞行业机会背后潜在的经济价值？需要有与机会相匹配的商业模式设计方案。

机会具备显著的市场特征和产品特征，好的商业模式设计必须与机会相匹配，不能脱离机会所在的市场以及与机会相关联的产品属性。关于机会从何而来，学术界有两种主流观点，分别是发现观（discovered）和构建观（constructed）。发现观认为，机会客观存在于现实世界中，是由有能力的、独具慧眼的人发现的。在这种观点下，机会具有情景嵌入性，不能独立于其存在的客观环境，是不以人的主观意志为转移的，即机会具有较高的市场特征。此时，商业模式设计需要深度考虑机会所在的市场复杂性、变动性及外部利益相关者等因素，注重与外部环境保持平衡。这样设计的商业模式可能具有一定的被动性，完全服务于某一特定的机会，属于机会驱动型的商业模式设计。但只要机会与模式能够完美融合、相互匹配，同样可以创造价值。电子竞技行业不乏一些企业的商业模式设计属于机会驱动型的，如一批电竞衍生公司发现市场上存在游戏代练、游戏"打手"等商业机会，针对该机会设计出了独具特色的商业模式，服务于有特定的需求的用户群体以获取利润；很多直播平台一开始的业务范围并不包括电竞内容的直播，如斗鱼、快手、虎牙等，当出现电竞直播的商业机会时，这些公司迅速进行调整，重新设计自身的商业模式，使直播内容趋于多元化。

相反，构建观认为，机会不是预先存在于客观环境中被发现的，而是人们通过对环境、市场、顾客的深入理解与迭代思考，主动创造的产物。该观点下，机会出现的原因是企业家或创业者对商业实践的思考与想象，而不是环境的外生性。构建的机会往往是基于企业在长期的经营过程中，对实践的深入理解和对资源、能力等随机组合的结果，也是创业者创造性想法与实践结合的产物。企业家或创业者在构建机会的同时，可能已经拥有了与机会相关的具体产品或产品构思。此时，商业模式设计应该着重考虑企业自身的知识能力、资源状况，关注机会的产品特征，使设计的商业模式能够开发所创造的机会的潜在价值。在电子竞技行业，腾讯电竞的商业模式属于典型的机会构建型的商业模式设计。一直以来，腾讯在电子游戏领域是名副其实的佼佼者，先后开发了多款现象级的游戏，如《QQ 飞车》《QQ 炫舞》《王者荣耀》等，也代理了一些国外游戏，如《英雄联盟》等，电子游戏的成功运营为腾讯在电竞领域的战略布局奠定了基础。腾讯电竞整合了自身的资源和能力，通过举办电竞赛事、与合作伙伴共同投资电竞教育等措施不断挖掘电竞领域的商业机会，构建了覆盖全产业链的商业模式，其中上游以 IP 为核心，中游以赛事举办为核心，下游以联盟整合为核心，制定了有利于促进整个电竞行业发展的规则规范。不难看出，腾讯充分挖掘了电竞行业的商业机会，并构建了与之匹配的商业模式，这是其在电竞领域成功的关键。

综上所述，从发现观和构建观分别论述了商业模式设计与机会的关系。其中发现观强调商业模式设计应该与机会的外部环境和市场特征相匹配；而构建观认为，商业模式设计应该与机会的内部资源和产品特征相匹配。现实的商业实践是复杂的，不可预测的，机会既有可能被发现，也有可能被创造，两者不是替代关系。但无论机会从何而来，只要采用机会与模式相匹配的方法，关注机会的市场特征和产品特征，最终设计的商业模式都是可以创造价值的。

2. 战略与模式匹配方法

战略与商业模式之间存在着密切的联系，两者相互匹配、共同作用于企业绩效（Zott & Amit，2008）。商业模式是一个系统的架构，往往比企业战略更为普遍，但只有将两者结合起来，才能获得持续的竞争优势（Teece，2010）。因此，在设计商业模式时，就应该与企业战略相互关联，采用战略与模式匹配的方法。

从公司层面讲，一般有稳定型战略、增长型战略和收缩型战略，不同的战略类型对应的商业模式也不相同。稳定型战略的特点是缺乏重大变化，企业维持基本的市场份额，向目标顾客提供同样的产品或服务。在这种战略指导下，构成商业模式的各个要素也相对稳定，如企业可能会延续以往的价值主张，维持先前的价值创造机制。这是一种平稳的、渐进式的商业模式设计。斗鱼、快手等直播平台增加电竞直播的内容就属于在稳定型战略指导下的渐进式商业模式设计。增长战略意味着企业需要扩大市场份额，往往通过直接扩张、并购和多元化的经营方式实现。设计商业模式时，需要考虑增加哪些核心业务？向新的顾客群体传递什么样的价值主张？如何与供应商和代理商之间建立价值创造网络？实施多元化经营的成本结构及所需的资源是什么？总之，增长战略下的商业模式设计不是对已有商业模式的微调，而是变革性的全新设计。腾讯电竞以 IP 为核心，通过赛事举办、电竞联盟整合、入股下游企业等手段，构建了完善的电竞商业生态，这属于在增长型战略指导下的变革型商业模式设计。收缩战略是企业减少经营的范围或规模，对应到商业模式设计时，需要考虑：应该与哪些既有市场或目标客户断绝联系？缩减哪些核心业务？如何维护客户关系？是否需要改变价值主张？收缩战略是一种迫不得已、短期性的战略，往往意味着企业的经营环境发生了重大变故。正因为如此，需要有与之匹配的商业模式设计，保证战略的顺利执行。很多游戏公司都想通过举办电竞比赛，拓展业务范围，但受资源和能力的限制，真正成功的为数不多。当这部分企业面对扩张的困境时，就应该考虑是否实施收缩战略，重新设计自身的商业模式。

从竞争层面讲，典型的竞争战略有成本领先战略、差异化战略和聚焦战略三种类型。竞争战略能否发挥作用，同样需要合适的、与之匹配的商业模式设计。成本领先战略的核心是努力降低成本，低成本可以带来低价格，从而维持企业竞争优势。要做到低成本，企业必须严格管控内部流程，提升效率。这种战略类型恰恰对应的是效率型商业模式设计，即关注企业如何降低交易成本，提升各环节的运营效率。如电竞俱乐部选择变卖冗余的电竞战队、自主培养电竞选手、缩减广告开支等都是与成本领先战略匹配的效率型商业模式设计的体现。差异化战略的目的是为顾客提供与竞争对手有差别的产品或服务，这类产品或服务能够满足顾客特殊的价值诉求。要想实现差异化，企业必须对产品、服务、流程等进行一系列创新活动。这种战略类型对应的是创新型商业模式设计，它强调运用全新的技术、管理办法、活动、交易机制等，实现价值的创造。如腾讯游戏竞技平台（Tencent Games Arena，TGA）不断孵化赛事，通过内容创新满足用户需求，以创新型商业模式设计创造价值。聚焦战略是针对某一特定的市场或顾客群体而实施的，可进一步细分为聚焦成本领先战略和聚焦差异化战略。这种战略类型较为复杂，对企业的资源、能力、技术及商业模式也提出了较高的要求。聚焦战略下的商业模式设计是效率型和创新型的结合体，企业既要考虑如何降低交易成本并提高效率，也要考虑对新技术、新方法的使用，保证持续创造价值。

☞ 思考题

1. 电竞商业模式的构成要素是什么？
2. 电竞商业模式的价值创造逻辑是什么？
3. 如何设计电竞商业模式？需要具备什么样的设计思维与方法？

☞ 参考文献

[1] Afuah A, Tucci C L. Internet Business Models and Strategies. New York：McGraw-Hill, 2001.

[2] Amit R, Zott C. Value Creation in e-Business. Strategic Management Journal, 2001, 22 (6-7)：493-520.

[3] Bocken N M P, Short S W, Rana P, et al. A Literature and Practice Review to Develop Sustainable Business Model Archetypes. Journal of Cleaner Production, 2014, 65 42-56.

[4] Chesbrough H, Rosenbloom R S. The Role of the Business Model in Capturing Value From Innovation：Evidence From Xerox Corporation's Technology Spin-off Companies. Industrial and Corporate Change, 2002, 11(3)：529-555.

[5] Hamel G, Ruben P. Leading the Revolution. Boston, MA：Harvard Business School Press, 2000.

[6] Morris M, Schindehutte M, Allen J. The Entrepreneur's Business Model：Toward a Unified Perspective. Journal of Business Research, 2005, 58(6)：726-735.

[7] Osterwalder A, Pigneur Y. Business Model Generation：A Handbook for Visionaries, Game Changers, and Challengers. Hoboken：John Wiley & Sons, 2010.

[8] Teece D J. Business Models, Business Strategy and Innovation. Long Range Planning, 2010, 43(2)：172-194.

[9] Zott C, Amit R, Massa L. The Business Model：Recent Developments and Future Research. Journal of Management, 2011, 37(4)：1019-1042.

[10] Zott C, Amit R. Business model design an activity system perspective. Long range planning, 2010, 43(2) 216-226.

[11] Zott C, Amit R. Business model design and the performance of entrepreneurial firms. Organization science, 2007, 18(2) 181-199.

[12] Zott C, Amit R. The Fit Between Product Market Strategy and Business Model Implications for Firm Performance. Strategic Management Journal, 2008, 29(1) 1-26.

[13] 魏炜, 朱武祥. 发现商业模式. 机械工业出版社, 2009.

[14] 夏清华. 商业模式的要素构成与创新. 学习与实践, 2013(11)：52-60.

第5章　政府主导下的电子竞技商业模式

随着电子竞技产业在全球的快速发展，用户数量稳定增长，市场规模逐年扩大，社会认知度不断提高，电竞产业已经成为资本市场追逐的"新风口"。纵观全球电子竞技产业除了资本市场的参与之外，政府所扮演的角色也不可或缺。早在20世纪90年代末期，韩国政府就出台了一系列政策鼓励网络游戏和电竞产业发展，经过十多年发展，电子竞技成为韩国"新国技"，韩国也因此被称为"全民电竞"的国家。

在过去的十多年里，由于社会舆论等多方面原因，中国政府对发展电子竞技产业一直表现出不鼓励、不否定的态度，但这种情况在近几年有了巨大转变。随着国内经济步入新常态、互联网产业快速发展、社会认知度逐渐提升，国家体育主管部门和各级地方政府开始通过政策、资金等手段积极支持和引导电子竞技产业的发展。政府全面入局对电子竞技产业的发展有着显著的导向作用，它们在其中扮演着多种角色，其重要性也愈加凸显。本章将重点分析我国政府主导下的电子竞技商业模式，研究其适用范围、可能的参与方式、现存的问题和对策。

5.1　政府在电子竞技产业发展中的地位和作用

各国政府在电子竞技产业中所处地位各不相同。不同于欧美诸国市场主导的电子竞技模式，韩国的政府主导、市场接力、政商结合模式显然使韩国政府在韩国电子竞技发展中占有十分重要的地位。韩国政府提供了电子竞技产业初期发展所需的政策环境、资源环境、文化环境与社会环境，使得韩国迅速成为世界电竞强国。

不同于韩美等国，我国电子竞技产业发展可谓一波三折，经历了启蒙期、冷却期和重新发展期三个阶段，政府在每个转折点，均发挥了关键的作用。早在2003年，电子竞技就成为中国国家体育总局正式承认的第99个正式体育项目，中央电视台也推出了相关电竞节目，[①] 中华全国体育总会随后推出了"首届全国电子竞技运动会（CEG）"，各省体育部门甚至开始签约一批职业玩家。但转折点出现在2004年，由于社会舆论压力等多方面原因，广电总局出台《关于禁止播出电脑网络游戏类节目的通知》，电视台有关电子竞技的节目均被停掉，这使得我国无法模仿类似韩国的游戏电视频道发展模式。2004年后，我国电子竞技产业低调前行，度过了一段低潮期。政府对电竞产业态度的下一次转折出现在2013年与2014年之交，随着全球电子竞技产业的火爆、移动互联网的发展和我国电子竞技产业的多年积累，我国电子竞技产业开始重新焕发活力，它

---

① 2003年4月4日，CCTV-5正式推出《电子竞技世界》节目。

覆盖了大量的年轻群体，培育出一大批忠实的电子竞技爱好者，互联网、移动设备、手机游戏的普及也使得社会舆论发生着潜移默化的转变。电子竞技国家队的组建、[①] 银川市政府对首届 WCA 赛事的支持、[②] 电视媒体对电竞内容的逐步解禁，[③] 在一定程度上被看作我国政府开始支持电竞运动的信号。近年来，伴随着资本的持续介入和主流媒体的关注，我国政府也开始出台一系列政策对该产业进行扶持，国家体育总局支持的 NEST[④]、NESO[⑤] 比赛、全国移动电子竞技大赛[⑥]相继开办，银川、贵阳、昆山、南京等地的地方政府也纷纷提出发展电竞产业的主张，甚至将其作为关键性的产业来发展，从中央到地方政府都对电竞产业有了新的认知，成为推动电竞发展的一股新力量。在此情况下，我国电子竞技产业走上发展快车道，并持续至今。见表 5.1。

表 5.1　　　　　　　中国政府在电子竞技产业发展过程中的关键举措

年份	关 键 事 件
2000 年左右	中国电子竞技行业开始出现职业化选手和团队。
2003 年	电子竞技成为中国国家体育总局承认的第 99 个正式体育项目。
2004 年	中国广电总局下达了《关于禁止播出电脑网络游戏节目的通告》，我国电子竞技产业步入低潮期。
2008 年	中国第二次电子竞技产业国际高峰论坛在北京召开。
2013 年	国家体育总局首次成立由 17 人组成的电子竞技国家队。
2014 年	银川市政府主办首届世界电子竞技大赛（WCA），开地方政府明确扶持电竞产业先河。
2015 年	国家体育总局在体育项目重组中，把电子竞技列为中国正式开展的第 78 个体育项目。
2016 年至今	国家部委出台多项扶持政策，多地政府开建电竞小镇，具有官方背景的电竞赛事接连开办。

　　由此可见，政府在我国电子竞技产业发展过程中发挥了重要作用，可以说政策的导向在很大程度上决定了电子竞技产业的发展趋势。未来，政府将在我国电子竞技产业良性发展环境的建立中起到至关重要的作用。

---

① 2013 年 3 月，国家体育总局成立由 17 人组成的电子竞技国家队。
② 2014 年 10 月，银川市政府主办了首届世界电子竞技大赛（WCA），并给予大力支持。
③ 2014 年，WCA2014 宣传片广告登陆中央电视台综合频道黄金档，打破了电视媒体宣传禁忌。
④ 由国家体育总局体育信息中心主办的全国电子竞技大赛。
⑤ 由国家体育总局体育信息中心及上海体总会主办的全国电子竞技公开赛。
⑥ 由国家体育总局体育信息中心联合大唐电信主办的国内首个官方移动电竞赛事。

● 案例 5.1

韩国政府在电子竞技产业的主导作用

韩国游戏业作为国民经济支柱产业，其成功的秘诀在于自上而下的全国效应、政府的扶持及商业链的不断完善。电子竞技作为韩国游戏产业消费端的一环，也得到了长足的发展，被称为韩国"新国技"。

韩国电子竞技运动的特点在于政府主导。在韩国游戏产业迅速崛起的背景下，韩国旅游文化观光局专门成立了名为 KeSPA（韩国电子竞技协会）的组织。该机构与赛事主办方合作，旨在管理电竞俱乐部和完善电子游戏职业化发展。韩国最有影响力的 WCG（世界电子竞技大赛）联赛就是由韩国政府直接主导推动举办的赛事，早期 WCG 组委会的主席是韩国的总统，甚至开幕式的时候总统都会出席致辞。三星电子成为这个赛事的主赞助商，也是韩国政府安排的。强大的财力和政府推动力，使 WCG 在短时间内发展起来，韩国的电子产品也随着比赛、随着 WCG 渗透到参赛的各国当中去。

除政策扶持外，韩国政府还将游戏分级，在内容和时间上对青少年进行管控，以减轻社会舆论压力。另外，为了鼓励国民积极参与电子竞技运动，韩国政府专门规定游戏开发工程师和在国际游戏大赛中取得好成绩的职业玩家有资格免服兵役。

至此，韩国电子竞技迎来鼎盛时期。电子竞技不仅为游戏产业提供了新的盈利点，其周边衍生消费点也不断出现，电子竞技竞赛解说、教练、营养师等相关职业都已涌现。

（整理自中国经济网：游戏成韩国支柱产业：开发工程师可免服兵役 . http://www.ce.cn/culture/gd/201505/14/t20150514_5366090.shtml, 2015-5-14）

5.2　政府主导的电子竞技商业模式

5.2.1　两类政府主导模式概述

根据主导部门不同、目的导向不同，由我国政府主导的电子竞技商业模式可以进一步细分为两类：

1. 国内主管部门主导的体育竞技产业模式

该模式导向为制定产业标准，规范运作管理，推动电子竞技朝体育化和职业化发展。牵头政府部门包括国家体育总局、教育部等相关主管部门，其主要通过建立国家标准、推行政策法规、主办电竞赛事、培养相关人才等方式推进电子竞技产业的泛体育化发展。

例如，电子竞技产业的主管部门国家体育总局主要从电子竞技运动职业化和规范化方面予以推动。2009 年 11 月，国家体育总局正式宣布：体育信息中心正式成为中国电子竞技运动的管理机构，这标志着中国电子竞技由民间主导转变为类似于足球、游泳项目的归口管理。中国电子竞技国家集训队的选拔由国家体育总局旗下的中体产业集团股份有限公司承担。而中国电子竞技超级联赛、全国电子竞技公开赛、官网与商业网站的建设和维护、组织培训以及电子竞技运动相关的官方商业运营活动则由亚博控股传媒公司负责。2016 年 7 月 13 日，国家体育总局发布的《体育产业发展"十三五"规划》明确提出"以……电竞等运动项目为重点，引导具有消费引领性的健身休闲项目发展"，① 从而从政策层面对电子竞技运动进行了长期规划。

教育部主要从电竞人才培养上着手，在 2016 年 9 月教育部增补了"电子竞技运动与管理"专业，② 该政策给电竞专业人才培养开辟了新的通道，为电子竞技产业的快速发展奠定了人才基础，也标志着该产业逐渐被主流教育学界所接受和认可。

2. 产业部门主导的新型文化创意产业模式

该模式导向为实现产业转型，追求商业化价值，推动电子竞技向商业化和娱乐化发展。牵头政府部门包括国家发展和改革委员会、文化部、地方政府，其主要通过举办电竞赛事、成立引导基金、建立电竞特色小镇、出台优惠政策等方式推进电子竞技产业的泛娱乐化发展。

国家发展和改革委员会、文化部等国家部委主要通过出台指导意见的方式推进电子竞技产业的商业化进展。例如国家发改委于 2016 年发布的《关于印发促进消费带动转型升级行动方案的通知》明确指出"在做好知识产权保护和对青少年引导的前提下，以企业为主体，举办全国性或国际性电子竞技游戏游艺赛事活动"；文化部 2016 年则从文体娱乐结合的角度切入，发文全面放开游戏游艺设备的生产和销售，取消游艺娱乐场所总量和布局要求，并鼓励各地区建立示范转型场所，优先享受文化产业优惠和政府扶持资金等政策。③

地方政府主要以国有企业、电子竞技协会、引导基金为抓手，通过与社会资本合作，承办相关赛事、搭建电竞场馆、建立电竞特色小镇、出台优惠政策，并与动漫、游戏、旅游、文娱、直播、会展、地产、大数据等上下游产业链结合，以带动地方经济转型，扩大对外影响。例如，银川作为全国首个出台扶持电竞产业发展实施意见的城市，④ 市政府以电竞赛事起步，于 2014 年宣布举办世界电子游戏竞技大赛（WCA），设立文化产业基金、游戏产业并购基金，并在电竞研发、电竞俱乐部、人才培养、产业服务等方面予以政策扶持。此后几年，银川利用气候和电价优势，建立了滨河数据中心，帮助游戏企业进行数据储存和挖掘，探索出了"电竞+游戏+大数据"的新经济发展模式。

---

① 国家体育总局 . 体育产业发展"十三五"规划 . http://www.sport.gov.cn/n319/n4833/c733613/content.html，2016-07-13.

② 教育部 .《普通高等学校高等职业教育（专科）专业目录》2016 年增补专业 . http://www.moe.edu.cn/srcsite/A07/s7055/201609/t20160906_277892.html，2016-09-06.

③ 文化部 . 文化部关于推动文化娱乐产业转型升级的意见 . http://zwgk.mcprc.gov.cn/auto255/201701/t20170118_483653.html，2016-09-13.

④ 银川市政府 . 银川市人民政府关于促进电竞产业发展的实施意见 . http://www.yinchuan.gov.cn/xxgk/bmxxgkml/szfbgt/xxgkml_1841/zfwj/yzf/201707/t20170727_287683.html，2017-04-24.

5.2.2 两类主导模式的运行条件

1. 国内主管部门主导的体育竞技产业模式运行条件

该模式下，推动电子竞技产业的发展主要通过国家意志去实现，因此所需要的运行条件如下：

（1）主导方

该模式下，主导方主要包括国家体育总局等国家主管部门，以及各省市体育局等单位，国家体育总局体育信息中心电子竞技项目部则是该模式下的具体负责人。①

其工作主要以赛事活动为基础，以规范管理为中心，发展推广电竞运动事业。除主办多项赛事外，还涉及制定电竞运动发展规划，出台《电子竞技赛事管理暂行规定》和《电子竞技商务开发暂行办法》，修订裁判员、运动员、教练员等电竞从业人员的管理规章制度。为我国电子竞技运动的普及与发展提供制度保障。

（2）合作方

该模式下，合作方包括政府部门、游戏生产厂商、体育公司、电竞赛事运营商、职业俱乐部、国外电竞赛事组织方、媒体、选手、观众等多方力量。其中政府部门包括中央宣传部、中央网信办、工业与信息化部、国家新闻出版广电总局等监管机构(主要负责规范市场管理、强化价值导向)，② 以及教育部等相关部门(主要负责人才培训教育)。

（3）资金来源和运作标准

该模式所需资金主要来源于国家财政拨款和企业赛事赞助经费。运作标准主要是基于国家主管部门制定的各项规定办法，以及相关监管机构制定的指导意见。

（4）参与形式

该模式下，主导方的参与方式主要从政策层面的规范管理和实践层面的主办赛事两方面入手。

在政策层面，从规范管理切入，包括：

发展规划制定：主导方通过出台电子竞技产业发展规划以确定发展方向。

项目规范管理：出台各项规章制度，建立分级管理制度，涉及赛制标准、场馆标准、运动员培养、裁判员等从业要求等。

完善组织架构：依托各级体育局，建立自上而下、覆盖全国的电子竞技运动组织管理网络，以及电竞运动员委员会、评审委员会、教练委员会等必要机构，并加强管理。

建立示范基地：包括设立电竞运动示范基地，指定训练基地、培训基地等，为电子竞技运动的普及和发展提供物理空间和参照样本。

---

① 2003—2008 年，电子竞技运动的主管部门为中华全国体育总会，由体育总局办公厅负责行政业务管理；2009 年至今，电子竞技运动的主管部门变更为体育信息中心，由电子竞技项目部具体负责。

② 国务院新闻办公室．中宣部等部委联合印发《关于严格规范网络游戏市场的意见》，严格规范网络游戏市场管理．http://www.scio.gov.cn/37236/37377/Document/1614431/1614431.htm，2017-12-29.

加强电竞教育：建立中国电竞教育联盟，开展校企合作，在教材制定、课程设计、培养方案等多方面制定统一规范。

在实践层面，从赛事运营切入：

推动官方电竞赛事落地：依托体育公司、赛事运营公司、职业俱乐部等合作方，推动官方电竞赛事在国内的普及和落地，并积极打造国产的国际赛事品牌，提高我国在电竞项目中的国际地位和影响力。

积极参与国际电竞赛事：鼓励我国电竞运动员积极走出国门参与世界大赛，以增强参赛经验。

正确宣传和引导电竞运动发展：与媒体加强合作，对我国电竞运动进行深入报道、广泛宣传和正确引导。

2. 产业部门主导的新型文化创意产业模式运行条件

该模式下，推动电子竞技产业的发展主要通过市场手段去实现，因此所需要的资源条件主要包括以下几点：

（1）主导方

该模式下，主导方主要为国家发展和改革委员会、文化部等国家部委和地方政府。前者不参与具体工作，主要依靠出台优惠政策和指导意见的方式，推进电子竞技的商业化发展；各级地方政府则是该模式中主要的具体操作者，它们希望通过承办赛事入手进入电子竞技领域，并围绕电子竞技产业链，带动当地新型文化创意产业发展，从而实现经济转型升级。

（2）合作方

该模式下，合作方包括相关国有企业、国有支持基金、游戏生产厂商、职业俱乐部、电竞赛事运营商、国家体育总局等相关主管部门、电竞体育文化公司、选手、观众、上下游相关企业以及其他社会资本等。

● 前沿 5.1

国有电竞运营企业代表——华体电竞

华体电竞(北京)体育文化有限公司是国家体育总局旗下华体集团专门从事电竞相关业务的子公司。华体电竞以打造"大电竞亚文化和泛娱乐"目标，从电竞场馆切入，以赛事品牌为引领，经营范围涵盖产业投资、电竞场馆建设、产业标准制定、赛事活动推广、国际交流、会展服务、电竞教育培训、小微企业孵化、产业园区和特色小镇规划运营服务等领域，服务电竞全产业链。其提出的"1+X"业务发展模式，得到了鞍山、贵阳、杭州等地方政府的积极响应，通过与地方政府的合作，华体电竞促进了赛事、论坛、展会、电竞生活馆、众创孵化中心等多业态的融合发展。

（3）资金来源和运作标准

该模式下，资金来源主要为地方政府财政拨款、国有企业和基金投资，以及社会资本投资等。该模式尚没有成熟既定的运作标准，各地方政府的规划文件将作为主要的参照，当然，在复杂多变的市场环境中还将予以调整。

（4）参与形式

该模式下，主导方的参与形式主要从政策性扶持和市场化运作两方面切入。

政策性扶持方面：

出台指导意见：发改委等国家部委通过出台相关指导意见，取消原有政策限制，为电子竞技提供政策上的书面支持，这为电子竞技产业可持续发展提供了重要保障，破除了政策性风险，化解了社会的观望气氛。宏观层面的指导意见作为全国的风向标，将使电子竞技从小众娱乐变为大众文化，有效带动社会资本对电竞产业的投入，也有利于该产业更加健康、规范的成长。

出台优惠政策：文化部、地方政府主要以出台优惠政策来实现政策性扶持。通过财政补贴、税收返还、行政审批、扶持基金等抓手，引导和鼓励社会资本进入文化娱乐和电子竞技产业，并为企业上市、融资等提供便利。①

市场化运作方面：

承办电竞赛事：地方政府通过与国家体育总局、赛事运营公司、游戏发行商等合作，积极推动知名赛事落地，通过电竞赛事推动电竞文化传播和城市影响力，为电竞带动产业转型升级奠定基础。

电竞产业链配套：以电子竞技作为支点，可以有效撬动游戏、动漫、IT、大数据、旅游等新兴产业。地方政府通过"电竞+"战略，搭建电竞小镇等载体，积极促成电竞上下游企业的落户，一方面可以依托电竞产业实现"栽下梧桐树，引得凤凰来"，形成产业集聚；另一方面也可以通过配套产业进一步促进电子竞技产业的发展。

● 案例 5.2

杭州电竞数娱小镇：电竞小镇样本剖析

借助电子竞技成为 2022 年杭州亚运会正式项目契机，2017 年 6 月 18 日，杭州电竞数娱小镇正式落户杭州下城区，启动仪式当天在杭州举行。小镇规划面积达 5 平方公里，拟投入资金 200 亿元。作为小镇首发区的 15 万平方米海蓝国际电竞数娱中心已经建设完毕，该中心由多家企业共同发起，内部公共设备丰富，餐厅、咖啡馆、超市、书屋、健身馆、文化展区一应俱全。目前，包括网竞科技、浙江互星文化、华体电竞在内的 5 家电竞企业已经入驻，多家知名电竞俱乐部已签署入驻意向。小镇吸引了阿里体育、腾讯游戏、浙江省金融控股有限公司等多家企业参与合作，下城区国投集团还联合社会资本共同出资 15 亿元成立全国首支小镇配套电竞产业基金，并将以"电竞+体育+动漫+影视+旅游+教育+大数据"的发展路径，构建电竞全产业链发展的综合生态圈。

---

① 以银川市政府为例，在电竞研发促进方面"对从事游戏研发、设计、生产、交易并在银川落户或设立结算中心的创新型企业，给予市级税贡献 70%的资金扶持"，在银川注册的电竞俱乐部，如进入全国性、国际性赛事决赛将分别给予支持。

该小镇主导方为杭州市下城区政府，5 年内的主要建设路径依次为：特色产业导入(利用政府政策优惠和配套资金，以土地、资金为基本保障吸引全国范围内的泛娱乐企业入驻或初创团队孵化)、特色产业开发(整合导入的泛娱乐产业，进行产业+会议、产业+培训、产业+娱乐的开发)、旅游项目开发(引进或打造顶尖赛事IP，以此为核心开发电竞文化旅游项目)、休闲商业聚集(餐饮、酒店等基础休闲商业形态集聚)、娱乐商业聚焦(娱乐、游乐等旅游配套商业地产)、居住地带开发(本地居民和度假游客居所开发)。

另外，下城区还在小镇内成立了北部地区企业服务中心，以方便服务园区招商、办证、审批等相关配套工作。

与该小镇类似的还有安徽芜湖、江苏太仓、重庆忠县的电竞小镇，这些小镇大多位于二三线城市或其周边的县城，基本为地方政府推动，主要原因是这些地方拿地便宜，政府经济转型压力大，因此支持力度较大。电竞小镇的发展模式目前还未成熟，部分小镇也受到了社会质疑。比如重庆忠县电竞小镇，2017 年 3 月，刚刚摘掉贫困县帽子的忠县宣布将投资 50 亿元(政府出资 14 亿元，吸引社会资本 36 亿元)打造电竞小镇，并将承办具有官方性质的全国移动电子竞技大赛(CMEG)。2017 年忠县政府工作报告中，电竞产业被列入当地 11 个大力招商引资的产业，并出台了《忠县促进电竞产业发展的若干政策意见》，希望吸引相关企业落户，形成以电竞场馆、电竞学院、电竞孵化园等多业态整合的电竞产业链。但由于交通不便、宣传难度大，忠县目前仅引进了 20 余家电竞产业相关企业，每家企业投资额大多在几百万元左右。未来本地资源能否有效与电竞产业嫁接尚待观察。

目前，尚未有小镇实现规模化、体系化的运营，如何做出特色和找到盈利点是所有小镇面临的难题。

(资料来源：整理自互联网)

5.3　政府发展电子竞技产业的重点和路径

5.3.1　政府发展电子竞技产业的商业模式分析

我们将基于商业模式画布图[①]归纳国内主管部门主导的体育竞技产业模式和产业部门主导的新型文化创意产业模式，如图 5.1 和图 5.2 所示。

1. 国内主管部门主导的体育竞技产业模式

(1)商业模式画布

---

① 蒂姆·克拉克，亚历山大·奥斯特瓦德，伊夫·皮尼厄. 商业模式新生代. 个人篇. 北京：机械工业出版社，2012.

重要伙伴	关键业务	价值主张	客户关系	客户细分
与监管部门规范市场管理、强化价值导向；与教育部门合作推进人才培养；与游戏生产商、电竞运营商等合作推进赛事规范、标准执行、赛事举办等工作	电竞赛事举办 人才教育培养 相关标准制定 组织规范管理	通过规范管理和引导，推动电子竞技运动实现体育化、职业化、规范化，最终实现泛体育化的电子竞技发展模式	通过政策引导和指令，参与主体之间彼此是管理和相互合作关系	聚焦电子竞技精英、专业选手、以及感兴趣的普通公众
	核心资源 国家政策和相关部门的支持，体育主管部门的权威性		**渠道通路** 相关主管部门等举办的国内各种官方赛事，媒体平台报道	
成本结构 协调成本，赛事举办成本，组织建设、人才培训等财政支出			**收入来源** 赛事举办收入（赞助费+门票收入+转播权等），国家和地方各级财政拨款	

图5.1 国内主管部门主导的体育竞技产业模式画布图

（2）优劣势分析

该模式的核心优势在于主管部门的政策支持和官方赛事具有标杆和示范性作用。举国体制有利于从制度层面对电子竞技运动进行通盘设计，可以最快速度地将电子竞技运动覆盖到全国，并实现规范化、职业化运作。

该模式的劣势在于，由于重点关注电子竞技运动体育性的一面，政府与企业合作的形式单一，盈利模式和投资价值存疑，可能导致对社会资本的吸引力不足，市场化程度不够，需要政府长期培育才能形成良性发展。

2. 产业部门主导的新型文化创意产业模式画布

（1）商业模式画布

重要合作	关键业务	价值主张	客户关系	客户细分
与相关国有企业、游戏生产厂商、职业俱乐部、电竞赛事运营商、上下游相关企业以及其他社会资本等合作推进电竞商业化和配套产业发展	出台指导意见 出台优惠政策 承办电竞赛事 电竞产业链配套	该模式导向为实现产业转型，追求商业化价值，推动电子竞技向商业化和泛娱乐化发展	通过政策引导和市场合作，参与主体之间彼此是战略合作，互利互惠关系	聚焦对电子竞技和相关文化娱乐产业感兴趣的相关企业和普通公众
	核心资源 国家部委及地方政府的政策扶持和财政补贴		**渠道通路** 地方政府举办的国内各种官方赛事、电竞小镇等园区、媒体平台报道	
成本结构 协调成本，赛事举办成本，园区建设成本，财政补贴、税费优惠等成本			**收入来源** 地方政府财政拨款，国有企业和基金投资收益，赛事相关收益，赛事周边衍生收益，相关产业转型收益	

图5.2 产业部门主导的新型文化创意产业模式画布图

（2）优劣势分析

该模式的核心优势在于有关政府部门的优惠政策和市场化的运作。政府通过政策扶持和商业合作方式，释放商机，充分调动市场力量，可以最大限度挖掘电子竞技产业的市场潜力，充分带动相关泛娱乐产业的协同发展。

劣势在于该模式容易出现过度行政化、投资过热、一哄而上等问题。政府的"计划之手"有利有弊，如果相关产业园区单纯靠政府补助输血方式维系，或借电竞之名"圈钱圈地"，没有形成自身的核心竞争力，那么这种以谋求政绩为出发点的投资不仅不会为电子竞技产业带来好处，可能还会对其造成损害。另外，如何处理政府与企业的合作关系也是需要重点考虑的命题。

5.3.2　政府发展电子竞技产业模式存在的问题和对策

1. 政府主导模式的必要性

目前中国的电子竞技产业正处于发展的起步阶段，以政府（包括国家主管部门、相关国家部委、地方政府）为主导的电子竞技发展模式具有鲜明的中国特色，也具有其必要性：

（1）树立产业导向性

在我国，政府的支持与否对一个产业的未来发展有很大的影响。政府态度上的正面认可和相关力量的介入对电竞产业未来的发展起到了显著的导向作用，这对电子竞技这样一个新兴产业的发展是非常必要的。

（2）提升赛事稳定性

受游戏生命周期影响，当前以游戏厂商为主导的电子竞技赛事在赛制、内容、可持续性等方面缺乏稳定性，政府主导可以有利于提升赛事的稳定性，分级管理制度等制度可以实现电竞职业化与正规化，当职业电竞从业者从个体自发行为到拿到国家资质证明后，舆论影响力会更趋正面，其商业价值也将得到有力提升，从而促进产业的持续性发展。

2. 政府主导模式目前存在的问题

尽管近年来政府已经围绕电子竞技产业出台了多项政策，进行了广泛布局，但在当前的实践中，政府发展电竞产业模式还存在着一些问题：

（1）管理标准制定不健全，管理滞后

目前，尽管国家各部委已经出台了一系列政策从多个方面对电竞赛事进行促进和规范，但大多数是各部委牵头颁布的管理条例，不够系统规范，例如对职业俱乐部的评定标准，对电竞赛事的赛事内容、规制等级，对电竞相关企业的评级标准等条例或者还没有推出，或者内容还不够统一，至今还没有一部国家层面的、全面、成体系的电子竞技产业政策出台。现在相关赛事、俱乐部更多的是依靠自律组织和同行约束，属于事后管理。并且由于游戏开发主导权在企业，具体赛事项目可能涉及个别公司商业利益，这与体育竞赛的规则和精神是相悖的，也对电子竞技运动和产业的健康、有序发展和推广带来了一定影响。另外，面对蜂拥而上的电竞小镇，国家目前还未在企业准入、土地优惠等认定标准上做出明确、细致的要求。

（2）盈利模式不清晰，产业链不成熟

尽管我国电子竞技产业已经得到了一定发展，但周边产业发展仍处于初级阶段，存在盈利模式单一、产业集聚程度不够、造血功能不足的问题。产业前期发展看重的是地方政府支持力度，但后期产业聚集度则是重要的影响因素，电子竞技产业也是如此，它不能孤立发展，而需要集聚联合，只有积极鼓励游戏产品自主研发，促进电子竞技周边产品的综合开发、推广、盈利，有效扩大产业规模，才能使该产业实现良性循环。

（3）电竞教育体系不完善，人才培养链条不完整

电竞教育尚未形成完整的人才培养链条，存在专业设置单一、培养体系模糊、职业培训机构匮乏等问题。应探索多层次教育、全方位培训、多学科贯穿、公办民办结合的方式，培养电竞运动员、教练员、裁判员、职业经理人、赛事策划与执行、战术与数据分析、场地运营与维护、俱乐部运营与管理、电竞主持与主播、电竞商务等一系列相关人才，促进电竞产业从业人员素质的整体提升。

（4）政企合作方式过于单一，空间较小

目前，政企合作方式主要集中在合作办赛、政策扶持等方面，方式较为单一。随着电子竞技产业的纵深发展，在多渠道的融资服务支持、赛事赞助机制的完善、对外合作、产业孵化、海外拓展、媒体引导等方面，政企双方拥有更大的合作想象空间，可以探索出更多的合作路径。

3. 政府发展电子竞技产业模式的重点及对策

无论是国内主管部门主导的体育竞技产业模式，还是产业部门主导的新型文化创意产业模式，对于我国电子竞技产业的发展都是必要的，也大有可为。当然，现阶段也存在着一些问题需要解决。在未来，政府发展电子竞技产业模式的重点应集中在以下三点：

（1）发展思路

在发展思路上，遵循政府引导推动，市场运作驱动，民间交流互动，资源开放共享的原则。政府各部门要加强部门协作，强化政府在电竞运动管理规范、产业规划、产业引导、政策调节、公共服务等方面的作用，并在政策出台过程中注重连贯性、系统性、协同性。政企双方要建立多元、立体的合作关系，政府通过专项资金、风险投资、税费优惠等手段，发挥政府资源和市场资源各自的优势，可以通过适当优惠政策放宽市场准入，引导优势电子竞技相关企业合理集聚，但更多地是要通过市场手段驱动电竞产业发展，并重视民间交流互动和社会舆论引导，最终形成资源融合开放，行业良性发展的格局。

（2）发展重点

在发展重点上，主要从观众基础和赛事知识产权（IP）[①]两方面入手。电竞行业的变现，归根结底在于观众基础的多寡。政府需要引导电竞赛事走全民路线，形成丰富且多维度的赛事体系，重视媒体宣传和舆论引导，变小众娱乐为大众运动，并通过线上线下

---

① IP 即知识产权（intellectual property）。赛事 IP 也就是赛事产权及其相关衍生产品，是体育产业的核心产品。

的电竞直播和场馆，拓展用户深度和广度，建立庞大的群众基础；以超级 IP 为基础，电竞赛事的变现才可以有效地多元化，知名的赛事 IP 可以实现强大的流量引导能力，并实现有效的商业化，使得中国电竞在世界范围更具影响力。因此，政府要通过一系列手段鼓励游戏生产厂商开发拥有自主知识产权的国产电竞产品，并奖励电子竞技企业及其相关单位进行专利申请、商标注册、软件著作权登记，重视知识产权保护。另外，还要引导性的举办更高规格、更有民族特色的精品赛事，扩大国际影响。

(3) 发展结果

在发展结果上，形成"泛体育+泛娱乐"结合的双轮驱动模式。泛体育运动的价值主张可以使电子竞技项目产生巨大的传播力和影响力，有利于扩大群众基础，推动电子竞技项目的规范化和合法性；泛文化娱乐的价值主张可以促进各环节的增值，并有助于延长和提升整体产业链，扩大电子竞技产业规模，进一步巩固用户人群，使电子竞技项目实现良性循环。总之，前者可以为后者提供发展的源动力，而后者可以为前者提供更大想象空间和可持续性，两种政府主导模式缺一不可，不能顾此失彼，这需要政府方面的统筹协同。另外，在政府主导模式下，我国电子竞技发展在区域层面也要具备前瞻性、整体性思维，提前科学规划，鼓励有特色、有互补资源的若干城市积极发展电子竞技产业，并最终脱颖而出。切忌各地区无论是否合适，都一哄而上，过度投资。

● 案例 5.3

上海打造"全球电竞之都"

上海打造"全球电竞之都"的做法值得地方政府借鉴。经历了十多年的沉淀与发展，积累了市场规模、产业链布局、文化氛围、海外拓展等方面的优势与利好，上海已经初步拥有了"中国电竞核心"地位——在赛事举办地的选择上，最好的电竞赛事必须"抢滩"上海已经成为厂商的共识；在产业集群上来说，国内 80% 以上的电竞公司、俱乐部和明星都集中在上海。目前从上游厂商到中游赛事、俱乐部、制作公司以及下游的直播平台、周边产品，上海已成为国内最先完成电竞全产业链布局的城市。

2017 年 12 月，上海印发《关于加快本市文化创意产业创新发展的若干意见》，明确提出"加快全球电竞之都建设"，包括鼓励投资建设电竞赛事场馆，发展电竞产业集聚区，支持国际顶级电竞赛事落户，促进电竞比赛、交易、直播、培训发展，加快品牌建设和衍生品市场开发等措施，以打造完整生态圈。

上海政府主要从公共服务提供、动漫游戏研发、职业俱乐部集聚、多层次赛事举办等方面入手构建电竞生态圈，具体做法可以总结如下：

①人才吸引和氛围营造。尽管上海人口压力较大，但仍然在加大电竞相关人才吸引力度。政府一方面落实上海"人才 30 条"，构建更加开放、更具竞争力的动漫游戏产业人才环境，在户籍、子女教育等各个方面提供便利；另一方面，将动漫游戏相关专业列入上海紧缺专业，将动漫游戏相关人才列入上海紧缺人才目录，将动漫游戏相关职业技能培训项目列入上海职业技能培训补贴目录，支持产业协会等组

织探索针对动漫游戏类专业人才的职称评定。

②深化动漫游戏等公共服务，建设若干特色小镇。加快上海网络游戏出版申报服务平台建设，完善公共技术平台支撑服务体系建设，有效降低企业成本。规划建设若干特色鲜明的小镇，引导促进会展平台发展和衍生消费。

③鼓励自主研发，扩大海外影响。实施中华创世神话和中国经典民间故事动漫创作、原创艺术类精品游戏推优扶持工程等政策，提升动漫游戏原创能力。并加快走出去步伐，建设具有全球影响力的动漫游戏原创中心。

④鼓励电竞赛事和产业集聚。鼓励投资建设电竞赛事场馆，重点支持建设或改建顶级专业场馆，规划建设若干特色体验馆。发展电竞产业集聚区，实施"本土赛事品牌+国际顶级品牌"模式，为国内著名电竞企业落户扎根营造良好环境。

（部分参考：新浪体育．为何顶级电竞赛事眼中唯有上海，未来打造全球电竞之都．http://sports.sina.com.cn/esports/2017-12-18/doc-ifyptkyk5124408.shtml，2017-12-18.）

☞ **思考题**

1. 我国政府主导下的电竞商业模式有哪些类型，各自具有什么特征？
2. 我国政府主导下的电竞商业模式存在什么问题，未来发展的路径是什么？
3. 韩国政府在电子竞技产业发展中起到了什么作用，有哪些举措值得我国借鉴？
4. 什么是电子竞技小镇，发展电子竞技小镇需要什么资源和条件？
5. 上海打造"电竞之都"的做法能够给地方政府发展电竞产业带来什么启示？

☞ **参考文献**

[1] 蒂姆·克拉克，亚历山大·奥斯特瓦德，伊夫·皮尼厄．商业模式新生代·个人篇．北京：机械工业出版社，2012.
[2] 闫彦．韩国电子竞技运动发展成功经验对中国的启示．体育文化导刊，2013(2)：75-77.
[3] 金轲，王昕．大力发展文化产业的产业政策研究——以电竞产业为例．经济研究参考，2017(56)：58-64.
[4] 李果．三四线的电竞小镇投资潮：地方产业对接成难题．21世纪经济报道，2012，06(28)：05.

第6章 内容企业主导下的电子竞技商业模式

电竞产业价值链的两大核心,一是内容,二是赛事。电子竞技依托于游戏产品而发展起来,内容创造是整条产业链的价值源头,"掌握了内容,就掌握了话语权",而赛事则是电子竞技区别于电子游戏被作为体育竞技的关键。本章通过分析腾讯、网易和暴雪三家公司发展电竞业务的历程与模式,探讨以生产游戏为基础而发展电竞业务的企业如何设计和创新商业模式。

6.1 腾讯电竞商业模式分析

2016年12月9日,腾讯互娱正式发布全新的独立子品牌——腾讯电竞,与腾讯影视、腾讯动漫、腾讯文学、腾讯游戏一起成为腾讯泛娱乐战略下并行的五大业务板块之一。自此腾讯开始以中国电竞行业领军者的姿态,在学习传统体育竞技的运作模式和国外成熟的电竞赛事模式的基础上,探索"互联网+体育"的新可能,推进电竞生态圈的打造。①

6.1.1 腾讯电子竞技业务发展历程

凭借着多年在电子游戏产业中的用户积累,腾讯的电竞之路显得水到渠成。本书将腾讯电竞业务的发展归纳为试水、发力和爆发三个阶段,正是有前两个阶段正确的业务布局和战略选择,才有而今爆发阶段的一片繁荣。

1. 试水阶段(2006—2007年)

2006年,腾讯成为WCG世界大赛中国区休闲赛赛区的承办方,同年开始对游戏领域的并购。2007年,腾讯拿到CF中国区的代理权,正式进军电竞圈。这一时期的腾讯,在成功稳定国内游戏市场地位的同时,开始延伸产业链试水电竞领域。自2002年起,腾讯便开始对游戏市场进行规模式开发,推出了一系列以QQ为核心价值元素的网络游戏,诸如《QQ堂》《QQ三国》《QQ幻想》《QQ音速》等,打下了坚实的用户基础。

2. 发力阶段(2008—2015年)

2008年,全球金融危机爆发,电竞市场走上了阶段性的下坡路,也正是在这一阶段,腾讯逆流而上,以大规模收购、构建竞技平台,打造爆款网游为抓手,正式发力电

---

① 腾讯游戏.腾讯电竞品牌正式发布　泛娱乐业务矩阵再添第五极. http://games.qq.com/a/20161209/024933.htm,2016-12-09.

竞业务，并初步出现资源整合和生态链建设的构想。

一系列资本收购，逐步构建起电竞帝国。自 2008 年至 2015 年，前后入股或收购了 Riot Games（《英雄联盟》开发商）、韩国大小七家游戏开发商、美国游戏引擎开发公司 Epic Games、动视暴雪、Glu Mobile、Supercell 及美国手游初创公司 Pocket Gems Inc 等公司。见图 6.1。

图 6.1 腾讯电竞业务发力阶段资本收购时间轴

构建竞技平台，逐步创新赛事。2010 年，腾讯正式建立游戏竞技平台 TGA，并把旗下的竞技游戏、赛事系统、直播系统、明星系统、赛事节目等业务板块平台化，旨在通过开放式平台发展推进网游的电竞化。截至 2013 年，平台上已经聚焦了 20 项赛事，覆盖人数高达 1 亿人次。

打造爆款网游，然后二次创新。为推进网游业务，腾讯大力发展游戏代理和研发，以覆盖式布局抢占客户端（PC 端）市场。其中代理板块表现突出，先后拿下《地下城与勇士》《穿越火线》《英雄联盟》和《使命召唤 Online》四款不同类型的网游，借此成功进入中国客户端电竞市场的第一梯队。其中，《英雄联盟》迅速成为国内现象级的网游，截至 2015 年其营收入已经高达 16.3 亿美元，成为全球营收最高的 PC 游戏。自研板块上，先后推出《QQ 飞车》《QQ 炫舞》《NBA2K Online》《逆战》《炫斗之王》和《枪神纪》。见图 6.2。

图 6.2 腾讯电竞业务爆发阶段代理和自研示意图

初步资源整合，开始布局生态系统。2012 年，腾讯正式提出"泛娱乐"战略，并充分利用前期在赛事推广、TGA 平台搭建、职业联赛体系建设及俱乐部扶持上的积累，开始推进互联网与移动互联网的多领域共生，延伸并扩充电竞生态资源池。见图 6.3。

| 2008年 | 2010年 | 2011年 | 2012年 |

推广商体系+　　TGA平台打造　　建立职业联赛　　"泛娱乐"战略
百城联赛　　　　　　　　　　体系与俱乐部
　　　　　　　　　　　　　　扶持系统

图 6.3　腾讯电竞业务爆发阶段生态系统布局示意图

3. 爆发阶段(2016 年至今)

自 2015 年大规模收购游戏公司之后，腾讯开始与多方合作，以开发新款游戏、注重 IP 创新、领域延伸、人才培养、赛事扩展等为抓手，整合产业链，构建电竞生态圈。

致力于游戏开发，开创手游新时代。随着智能手机的普及，2015 年腾讯提出了移动电竞计划，先后开发出《王者荣耀》和《绝地求生》两款不同类型的手游，并获得 PUBG、H1Z1 在中国的独家代理权，多方位地布局了中国手游市场。

打造超级 IP，扶持内容创业，成立独立子品牌。正如腾讯电竞负责人侯淼所言，"内容为水，生态为渠"。2016 年 3 月，腾讯颁布"芒种计划"，出资 12 亿元扶持内容创业者，而这也势必给腾讯电竞业务注入新鲜的血液。同年 12 月，腾讯互娱正式成立第五大独立子品牌——腾讯电竞，发挥平台优势，全力进军电竞产业。

促进合作，多领域共生。2016 年，腾讯开始重新定位——做连接器，以开放的平台，期待融入产业内更多的合作伙伴。同年，开始横向领域的延伸，打造直播平台，布局电竞娱乐领域，包括腾讯直播、QQ 空间直播、花样直播、企鹅直播等平台的建立。2017 年，腾讯电竞与超竞互娱合作，以内容入驻的形式试水泛娱乐电竞产业园，并签订战略合作协议。

构建人才培养体系，助力电竞发展。电竞行业 2017 年就业人员只有 5 万，其人才缺口高达 26 万，就此，作为国内电竞第一品牌——腾讯电竞，开始了其人才培养计划。其中包括三大教育层次部署(学历教育、职业教育、大众教育)，四大核心工作小组(电竞课程体系小组、专业教育小组、职业教育小组、实践教育小组)，专家顾问团及权威高校与教育机构联动。

打造电竞大众赛事，星星之火可以燎原。为了扩大电竞市场用户规模，将潜在用户的消费力挖掘出来，腾讯搭建了 WGC(微信游戏主办)和 QGC(QQ 游戏主办)两大平台，颁布"繁星计划"，并在 2017 年，前后举办了两万多场赛事。其中与政府合作赛事有 27 项，21 个省级比赛，总场次超过 2 000 场。与企业合作赛事有 99 项，落地场次达 1 000 场，像京东、富士康都是连续几年合作。除此之外，为扩展高校市场，调动大学生对电竞的认同，腾讯在各大高校举办了众多赛事。

　　黄金五年计划，开启电竞生态圈。2017年6月，腾讯电竞正式发布了"五年计划"，并认为中国电竞产业将进入高速发展的黄金五年，从赛事体系升级、商业模式拓展、系统性人才培养和泛娱乐电竞产业园四个方面展开布局。在《英雄联盟》和《王者荣耀》双火车头驱动下，开始多领域差异化布局。见图6.4。

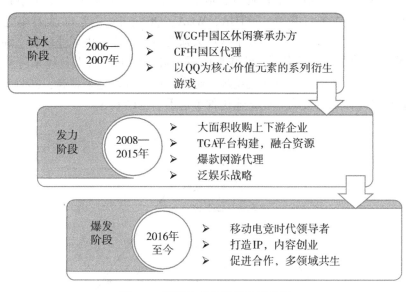

图6.4　腾讯电竞发展历程示意图

6.1.2　腾讯电子竞技商业模式分析

　　腾讯电竞围绕"内容为水，生态为渠"的价值主张，充分利用品牌、资源、平台优势，布局电竞产业上下游，上至游戏开发、游戏代理，下至赛事举办、赛事赞助、赛事直播以及赛事周边等，建立了众多合作伙伴关系，也聚集了产业链上的各支细分客户，最终形成了以赛事为核心，布局产业上下游，构建生态链的商业模式。

　　1. 价值主张

　　秉持"一切以用户价值为依归"的核心价值主张，腾讯电竞从电竞赛事的举办、产品的研发与代理、横向领域直播平台的打造、职业化人才的培养到电竞社交圈的建设等业务的展开都忠实于用户需求。同时，腾讯电竞通过打造一系列短时间、高娱乐的即时竞技类赛事，搭建系列赛事直播平台，下沉赛事等方式，旨在"让电竞成为一种生活方式"，也让全社交性的电竞新模式成为一种可能。除此之外，凭借着丰富的社交、影视、直播、动漫等资源，腾讯电竞采用了全产业链式布局的战略，并基于面对庞大的体量，提出了"内容为水，生态为渠，做行业连接器"的使命要求。

　　2. 价值创造

　　电竞产业的两大核心，一是内容创造，二是赛事举办，腾讯电竞也把这两大部分作为核心业务。其中就内容创造而言，腾讯电竞先后自研了《腾讯棋牌》《QQ飞车》《王者荣耀》《最强 NBA》等热门游戏。同时为了满足细分用户需求，弥补自身板块内容创新不足，代理了诸如《英雄联盟》《地下城与勇士》《FIFA》《穿越火线》、PUBG 等网游，并先后收购了系列公司。就赛事举办而言，腾讯电竞目前已经有了 11 大电竞赛事，包括 3 大自研游戏的赛事——王者荣耀系列赛事、腾讯棋牌系列赛事及双飞车系列赛事，4 大代理游戏的赛事——英雄联盟系列赛事、地下城与勇士系列赛事、FIFA 系列赛事、穿越火线系列赛事，3 大平台赛事——TGA、WGA、QGC，除了这 11 大赛事之外，还与合作政府、合作企业、合作学校展开了数场大众赛事，形成了由职业联赛、综合性孵化器和全民赛三级构成的"金字塔式"的赛事体系。自上而下参与人数越来越多，比赛频率也越来越高；自下而上，赛事的规模越来越大、商业价值越来越高，同时底层全民赛和中层综合性孵化器也负责为职业赛输送种子选手。见图 6.5。

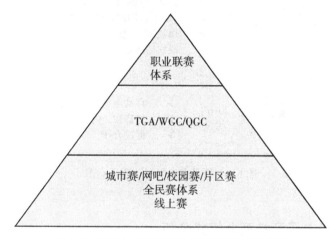

图 6.5　腾讯电竞"金字塔式"赛事体系示意图

除了在内容创造和赛事举办上下足工夫，腾讯电竞还致力于为电竞产业创造价值，其中包括设立人才培养方案，为电竞产业培养更多高质量电竞人才；连接上下游以及相关政府，促进行业标准制定；坚守企业责任，引导未成年用户参与电竞；横向领域扩展，打通直播平台；建设泛娱乐电竞产业园，构想电竞发展前景；数字营销，为广告赞助商提供个性化服务等。

3. 价值获取

腾讯电竞的主要收入来源包括四大方面，分别是赛事门票收入、广告赞助收入、赛事版权收入和周边产品收入。其中，赛事版权和广告赞助作为主要收入来源。赛事版权收入，是目前电竞产业的主导收入，这部分的收入多少很大程度上取决于电竞产品和赛事本身的热度，值得一提的是，腾讯自 2018 年起将把赛事收入的 45%平分给俱乐部以扶持其发展。广告赞助收入，不仅仅应用到赛事赞助上，还涉及游戏场景本身，而今定制化的数字营销成为一大趋势，像摩拜单车直接作为《绝地求生》的逃生道具之一，这也是传统竞技类游戏无法做到的——赞助场景化。见图 6.6。

KP(重要伙伴)	KA(关键业务)	VR(价值主张)	CR(客户关系)	CS(客户细分)
地方政府；超竞互娱；游戏开发商（动视暴雪、Riot Games、PUBG Corp等）；传统体育赛事NBA；赛事赞助商（VIVO、麦当劳、浦发等）；直播平台（斗鱼、微博直播等）；俱乐部；解说团队等	赛事版权；赛事赞助；赛事票务；周边经济；游戏代理；游戏开发等	核心价值主张：一切以用户价值为依归；	提供高质量电竞赛事，为用户提供更多观赛渠道，持续不断更新游戏内容	客户细分层次多，顶层为赛事举办用户、赛事转播用户、赛事赞助用户、周边产品开发用户，中层为电子竞技产品（游戏）用户、游戏主播、平台用户等，底层为移动手游、大型网游用户
	KR(核心资源)	愿景：电竞是一种生活方式；	CH(渠道通路)	
	（品牌＋资源＋平台）腾讯自身品牌；强大的资金链；"引进＋原创"结合的内容开发；QQ和腾讯两大社交平台	使命：内容为水，生态为渠，做行业连接器。	线下观赛与线上直播相结合；职业赛事与大众联赛相结合	

CS 成本结构	RS 收入结构
游戏研发支出、赛事运营支出、赛事奖金支出等	赛事门票、广告赞助、版权、周边收入等

图 6.6　腾讯电竞商业模式画布

6.2　网易电子竞技商业模式分析

2018年2月5日，"迟到"的网易终于拿出了自己的电竞布局方案，并公布了"10亿泛娱乐电竞生态计划"。[①] 作为后来者的网易，将以怎样的姿态和怎样的商业模式来逐鹿电竞行业，本节将通过对网易电竞业务发展阶段的概述，总结网易进军电竞的商业模式。

6.2.1　网易电子竞技业务发展历程

1. 观望阶段（2008—2017 年）

2008年网易开始与暴雪达成战略合作，并真正意义上接触电竞市场。尽管在中国网游、手游板块中极具优势和实力，并以自研产品打开市场的网易却"迟迟"未进军电竞产业，其在观望中不断积淀，凭借长达18年游戏的市场开发经验为电竞布局打下了坚实的基础，成为国内唯一一家可以与腾讯抗衡的企业。

注重研发，以少而精的游戏产品占据部分国内市场。在中国的游戏产业逐渐降温的过程中，以腾讯和网易领头的二元格局也逐渐出现。同时，两家公司的文化积淀不同，

---

① 爱玩网（杭州）. "不怕慢"的网易电竞如何与这个快时代对接？http://play.163.com/18/0212/17/DAFARB1Q00318P2J.html，2018-02-12.

在游戏产业中的侧重点也不同，腾讯充分发挥其社交平台优势注重于产品发行，而网易则侧重于研发以精品游戏对抗腾讯的流量优势。其中，2015 年推出的《梦幻西游》《大话西游》两款手游实现了月均近 8 亿元的收入。2016 年 9 月份上线的手游《阴阳师》，在各大畅销榜上霸占榜首数月，日活用户数超过 1 000 万。2017 年，网易自研推出《荒野行动》《终结者 2：审判日》两款求生射击类手游，极具先发优势，并迅速抢占"吃鸡"类游戏的市场。见图 6.7。

《梦幻西游》《大话西游》　　　《阴阳师》　　　《荒野行动》《终结者2:审判日》

图 6.7　网易精品游戏产品的打造

选择性代理，把握游戏市场发展大趋势。与腾讯广泛代理国外游戏产品不同，网易对于代理的选择都是基于战略布局的需求，涉及范围窄、产品线少。2008 年到 2014 年这一阶段，网易成为暴雪娱乐在中国游戏行业中唯一的游戏代理商，代理了暴雪娱乐旗下近乎所有的产品。自 2016 年开始，为了追赶腾讯的步伐，一向不注重代理的网易也开始覆盖式布局，先后公布了《最强军团》《战意》《劲舞团》、HIT 等 9 款代理产品。

品牌效应，深耕游戏内容创新。正是历来信奉"最好的渠道就是游戏产品本身"，网易一直致力于产品本身的打造，以品牌导流来建立用户黏度，特别是《大话西游》《梦幻西游》的系列产品不断深耕内容创新，而拥有了海量的客户和良好的品牌口碑。

国际化战略，开拓海外市场。网易的国际化，采取了跟腾讯截然不同的路径。其中，腾讯依靠大批量资本入驻或收购国外知名游戏厂商达到国际化目的，而网易依靠自研产品推广海外实现国际化，其中网易开发的 Rules of Survival、《荒野行动》、Survivor Royale 和《阴阳师》在欧美、日韩都取得了不菲的业绩。

与暴雪合作，展开电竞业务的初尝试。网易早在 2013 年就对外宣布要建立"电竞"平台，并将平台打造成暴雪在中国市场推广新产品的重要本土化平台。但由于当时中国电竞市场处于刚刚打开的状态，且各个环节都明显落后于产品本身，网易的初次电竞尝试之路也不了了之。

2. 起步阶段（2018 年至今）

作为行业内"挑战者"的网易，于 2018 年在"尝鲜大会"上宣布正式进军电竞圈，并投入至少 10 亿元打造网易泛娱乐电竞生态计划。与腾讯电竞的"内容为水，生态为渠"侧重于产业链布局不同，网易电竞更侧重于参与感——"全民电竞"。同时，以人人参与为核心，分别以赛事搭建、选手及俱乐部扶持、产业开发、新品研发、直播业务布局等做抓手。见图 6.8。

赛事搭建上，打造"百城千校赛事+全球性职业联赛"的赛事体系，并向传统体育联赛学习。2018 年，网易将在全国 100 座城市、1 000所高校开展"百城千校"泛娱乐化的

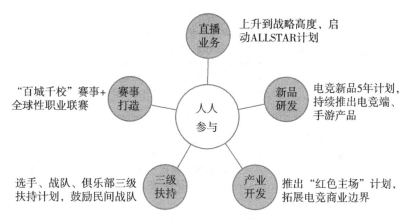

图 6.8　网易泛娱乐生态计划示意图

基础赛事。除了在国内下沉赛事，鼓励全民参与，网易还将在北美、欧洲和亚洲，推出全球性的电竞职业联赛，建立全球性职业联赛体系。[1]

选手及俱乐部扶持上，推出三级发展计划。网易将针对"选手—战队—俱乐部"三级分别提出对应的扶持计划，分别从包装造星、运营指导、赛事邀请、赞助推荐等四方面给予相应的扶持。

产业开发上，推出"红色主场"计划。网易将与各地政府和商业伙伴合作，推进全国38座电竞重点城市的"红色主场"建设，也是网易在"易间"外的第二次尝试品牌赋能实业。

新品研发上，推出电竞新品5年计划。网易将持续推出电竞端、手游产品，在电竞类游戏产品上实现长期布局。随后，在尝鲜大会上网易一次性发布了五款竞技游戏新品，以拓展竞技游戏的玩法边界。

直播业务模块，上升到战略高度。2018年，网易将全面启动ALLSTAR计划（网易针对直播业务发展提出的人才培养计划，旨在凭借自己的内容、资源和流量，与直播平台、经纪公司一同丰富直播的可能性，培养新一代主播新星），以内容为基础，通过资源及流量合作，反哺直播平台、经纪公司及有志于从事直播行业的游戏热爱者，与全行业共同进步。[2] 见图6.9。

6.2.2　网易电子竞技商业模式分析

网易电竞以行业挑战者的身份，自2018年"尝鲜大会"开始正式布局电竞业务，并推出以人人电竞为核心的泛娱乐电竞生态计划，本节按照"价值主张—价值创造—价值

① 网易游戏频道. 谁说网易不电竞，网易游戏携手多款新游发布电竞战略. http://play.163.com/18/0206/11/D9V6I1LB00318T0C.html,2018-02-06.

② 网易游戏频道. 谁说网易不电竞，网易游戏携手多款新游发布电竞战略. http://play.163.com/18/0206/11/D9V6I1LB00318T0C.html,2018-02-06.

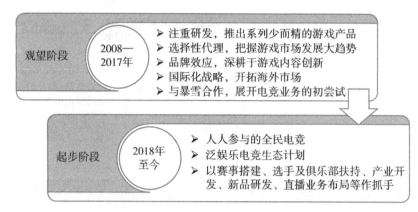

图 6.9 网易电竞发展示意图

获取"的商业逻辑，对网易进军电竞产业的商业模式进行分析。

1. 价值主张

不同于以用户为中心的腾讯电竞，网易电竞将自己定位为：始终做一个有血有肉的电竞产品爱好者。正如网易副总裁王怡表示："电竞不应该是曲高和寡的，它应当属于每一个热爱电竞游戏的人"，一反以往电竞只属于资本所有者的特性，网易将大众电竞作为品牌特色，以少而精的电竞产品和国内外赛事的打造，来让电竞真正意义上属于每一个热爱电竞游戏的人。

2. 价值创造

网易的价值创造以人人电竞为核心，构建了以产品开发、产业开发、百城千校赛事+全球职业赛的赛事体系、红色主场打造和直播平台五大核心业务为抓手，以新产品线和产业链的深入挖掘为推动力，以双层赛事为吸引力，以红色主场为维持力，以直播平台为宣传，不断构建用户黏性，实现全产业链盈利。与此同时，在网易的泛娱乐生态计划中，将各级政府、男人装、肯德基、网易云音乐作为战略合作伙伴，共同打造线上与线下相结合、赛事与主场相呼应的渠道布局。除此之外，多年来与暴雪的合作，拿下了诸如《魔兽争霸》《炉石传说》等极具竞技属性的游戏产品，不仅给网易电竞提供了经验支持，而且为全球赛事的打造提供了有力的宣传。

3. 价值获取

目前，网易电竞处于刚刚起步的状态，根据其战略布局，将价值获取来源分为赛事收入、广告赞助、版权、周边和红色主场收入五大部分，其中赛事收入板块相比于腾讯电竞，增加了来自国际电竞市场的收入，利用自身多年来海外市场的开发和 Rules of Survival、《荒野行动》、Survivor Royale 及《阴阳师》四款游戏的良好国际市场反响和国际用户积累，顺利推进全球职业赛，拓宽赛事收入来源。广告赞助上，网易目前还没有成型的广告赞助体系，但以肯德基与《荒野行动》的互动式合作模式，给数字赞助提供了新的营销模式。版权上，不同于腾讯电竞众多海外产品代理，网易目前的电竞都是基于自身研发的产品，掌握着绝对的版权，尤为突出的是，目前网易电竞集中于《荒野行动》等射击类游戏产品。周边经济上，网易电竞凭借 38 个城市"红色主场"的打造、"三级扶持计划"和 ALLSTAR 计划的实施，有望实现更深层次的拓展产业链条，全方位拓展粉丝经济，并打造民间文化符号，更接近用户生活。红色主场上，把线下体验和玩家交流作为主打，连接政府和周边企业，拓展电竞的商业边界。见图 6.10。

KP(重要伙伴) 各级政府、暴雪、男人装、肯德基、网易云音乐、直播平台、俱乐部、战队、选手等	KA(关键业务) 产品开发；产业开发；百城千校赛事；全球职业赛；红色主场打造；直播平台开展等	VR(价值主张) 核心价值主张：电竞产品热爱者；愿景：全民电竞；使命：让电竞属于每一个热爱电竞游戏的人	CR(客户关系) 将电竞玩家作为生态体系的核心，让人人电竞成为一种潮流	CS(客户细分) 百城千校赛事参与者、全球赛事参与者、选手及俱乐部、直播平台使用者、赛事赞助用户、周边产品开发用户、以及移动手游与大型网游用户
	KR(核心资源) 产品研发能力；国际化水平高；品牌积淀、客户黏性		CH(渠道通路) 线下观赛与线上直播相结合；"百城千校"赛事+全球性职业联赛相结合	
CS 成本结构 游戏研发支出、俱乐部及选手的扶持费用、"红色主场"的打造费用、ALLSTAR 主播培养、赛事运营支出、赛事奖金支出等			**RS 收入结构** 赛事门票、广告赞助、版权、周边收入、红色主场收入等	

图 6.10　网易电竞商业模式画布

6.3　暴雪娱乐商业模式分析

与腾讯、网易不同，暴雪娱乐是一家主营视频游戏制作和发行的公司，且研发的游戏产品极具竞技性和国际影响力，推出过多款经典系列作品，其中魔兽争霸及星际争霸均被多项著名电子竞技比赛列为主要比赛项目，[①] 在业界更是有"暴雪出品，必属精品"的赞誉。这一节将通过对暴雪娱乐电竞的发展历程阐述及价值创造过程的分析，来充分了解暴雪娱乐电竞业务开展的商业模式。

6.3.1　暴雪娱乐电子竞技业务发展历程

暴雪娱乐是自研竞技大型网游出身的一个公司，自 1991 年至今，推出多款经典产品并奠定了其在全球电子游戏产业中的地位，其娱乐电竞发展历程分为沉淀阶段

---

① 百度百科. 暴雪娱乐. https://baike.baidu.com/item/%E6%9A%B4%E9%9B%AA%E5%A8%B1%E4%B9%90%E5%85%AC%E5%8F%B8?fromtitle=%E6%9A%B4%E9%9B%AA%E5%A8%B1%E4%B9%90&fromid=1277972,2017-10-10.

（1991—2002 年）、试水阶段（2003—2016 年）和发力阶段（2017 年至今）三个阶段。

1. 沉淀阶段（1991—2002 年）

暴雪娱乐自 1991 年创立以来，在长达近 30 年的时间里创造了一个又一个巅峰游戏产品。与其他游戏开发商不同，暴雪娱乐侧重于产品本身的研发，甚至在很大程度上很少与外部联系并保持封闭状态，也正是如此，暴雪的创业者才能避开外界的诱惑，保持公司的正统血脉并始终执着于产品本身。

发展初期举步维艰，始终坚持产品自主研发。在 1994 年之前，暴雪虽前后推出《摇滚赛车》《失落的维京人》《上海Ⅱ》和《龙眼》四款游戏，但市场反响并不乐观，加之资金的缺乏，使得其对游戏的运营和平台的维护困难重重。1994 年，处于危机中的暴雪被美国著名发行公司 Davidson & Associates 看中并收购。依靠着对制作伟大游戏产品的坚定信念，同年推出《魔兽争霸：人类与兽人》。

坚持精品战略，推出系列经典产品。正如创始人迈克·莫怀米所言，"少做一些，但是一定要做得更好。"暴雪多年来始终坚持精品战略，在 1991—2002 年期间，先后推出了《魔兽争霸》《暗黑破坏神》和《星际争霸》的系列产品，2002 年已经成为全球最大的游戏制作公司。

战略收购，实现资源互补。伴随着暴雪市场的不断扩大，1996 年，收购 Condor 公司，拥有了一批软件研发精英，使得公司人才结构得以快速补充。随后 1997 年，顺利推出在线服务器"战网"，并为《星际争霸》的推广和丰收奠定了基础。2000 年，暴雪母公司维旺迪集团收购了环球影业，搭建起游戏产业与影视产业的互联关系。

2. 试水阶段（2003—2014 年）

凭借长达 12 年的沉淀，暴雪已有三大经典系列产品、遍布全球的海量粉丝和超强的产品研发能力。在 2003—2014 年的电竞市场试水阶段，暴雪并没有把电竞作为公司的战略发展进行布局，而是作为游戏产业的一个延伸，以反哺产品市场的发展。在此，暴雪主打国际化战略，深挖已有系列产品的内容创新与新产品研发，并积极推进自研产品走向国际赛事，为暴雪正式布局电竞产业奠定了基础。

国际化战略的实施，尤其注重中国市场的开拓。2004 年，第一届暴雪全球精英邀请赛于韩国举行；3 月，北美跟韩国的《魔兽世界》官方 Beta 测试正式开始。[①] 2005 年，《魔兽世界》先后在欧洲和中国大陆实现内测；2011 年，《星际争霸Ⅱ》在中国大陆正式开始免费公测；2012 年，《暗黑破坏神 3》亚洲公测并进行全球发售。在海外市场开发的过程中，暴雪尤其重视用户量大的中国内陆地区，前后与第九城市和网易达成战略合作协议，实现中国区暴雪产品线的代理权转让，促进产品线的本土化。

深挖内容创新，持续打造新产品。暴雪采取维持性创新与颠覆性创新相结合的路径，以实现持续的用户黏性和价值创造。在沉淀阶段便推出了《魔兽争霸》《星际争霸》和《暗黑破坏神》三大宏伟作品的暴雪，始终坚持产品内容的创新，不断延伸产品的生

---

① 百度百科. 暴雪娱乐. https://baike. baidu. com/item/% E6% 9A% B4% E9% 9B% AA% E5% A8% B1%E4%B9%90% E5% 85% AC% E5% 8F% B8？fromtitle = % E6% 9A% B4% E9% 9B% AA% E5% A8% B1% E4%B9%90&fromid = 1277972#4_1，2017-10-10.

命周期。仅"魔兽争霸"系列便推出了《魔兽争霸：人类与兽人》《魔兽争霸Ⅱ：黑潮》《魔兽争霸Ⅱ：黑暗之门》《魔兽争霸Ⅱ：战网版》《暗黑破坏神Ⅱ：毁灭之王》《魔兽争霸Ⅲ：混乱之治》《魔兽争霸Ⅲ：冰封王座》等产品。在新产品研发方面，2014年先后推出的《炉石传说》《风暴英雄》和《守望先锋》都迅速成为现象级产品。

自研产品相继加入各大国际电竞赛事。因极具完整性、竞技性和国际性，暴雪的游戏产品多次被各大国际电竞赛事选中。(1)完整性，无论是"魔兽世界"系列、"星际争霸"系列、"暗黑破坏神"系列还是《炉石传说》《守望先锋》，都具有完整而缜密的故事线，而这也正是暴雪可以在相同英雄元素上做出不同系列、不同版本的产品的根源。(2)竞技性。暴雪出品的系列产品都以对抗、平衡为代表，极具竞技属性，从而多次被WCG、ESWC、WEG、PGL等国际电竞赛事作为主要比赛项目。(3)国际性。暴雪本是美国本土公司，游戏版本皆为英文版，故事多以欧美英雄故事为元素，从而能被广泛接受。基于这三大优势，暴雪游戏的电竞化和国际化要比腾讯、网易要简单很多。

3. 发力阶段(2015年至今)

虽然暴雪的产品极具竞技性，但是多年以来暴雪一直致力于产品本身的研发，并未把电竞上升到战略的高度。自2015年成立新的专属电子竞技部门，暴雪娱乐才开始以产品为核心的电竞业务布局，正式发力电竞产业。

成立电竞部门，正式管理旗下电竞赛事。出于稳固市场和延长游戏产品生命周期的考虑，2015年，暴雪宣布成立官方电竞部门，负责公司旗下游戏的赛事组织、直播等一系列运作及拓展，也意味着暴雪开始正式插手旗下电竞系列赛事，一定程度上保证了赛事的质量和水平。

构建以产品为核心的五大赛事体系，严控基层赛事第三方授权。与腾讯的金字塔型赛事结构不同，暴雪的赛事体系以产品为核心(如图6.11)，且只做职业级联赛，基层赛事都交由第三方进行。其中就职业赛事而言，暴雪以《守望先锋》《炉石传说》《风暴英雄》及《魔兽世界》及《星际争霸Ⅱ》五大游戏产品分别设立了职业赛事体系。除此之外，暴雪更是针对顶尖高校电竞热爱者，打造了"风暴学霸"赛事，以颁发专属奖学金的模式吸引更多顶尖人才的加入。对基层赛事，暴雪严控第三方授权。从当年《星际争霸2》时代进化而来的"暴雪娱乐社区比赛授权条款"中规定，暴雪旗下所有游戏相关的第三方赛事都需要经过暴雪的授权，并且申请的条件极其苛刻，其中最令人费解的一点是总奖金不能超过6万元人民币(在美国是1万美元)，并且一年内同一个申请的组织或个人累计不能举办超过30万元人民币的赛事。① 这一举措，虽然一定程度上保证了赛事的质量和观看性，但是却导致基层赛事发展受阻，与职业联赛之间存在严重的断层，更由于相关赛事频次明显降低，大量战队面临生存问题。

---

① 电竞研究社. 控制欲下的暴雪电竞. http://mp.weixin.qq.com/s?_biz=MzIxMjY1NzAxMg==&mid=2247486834&idx=1&sn=6ea1187c44805d456d505ecc248aadf2&chksm=9743fb69a034727fa244d074d6a38c5a7b230881e5b0c0f93db2002325d5fd65c9d3d57cc5df&mpshare=1&scene=1&srcid=03276cqG9RLNGGL35bnsKjxv#rd,2017-11-30.

向传统体育联赛靠拢，吸引人才，构建电竞馆，助力电竞体育化。赛事学习上，以"守望先锋"系列赛事为例，守望世界杯模仿足球世界杯的杯赛形式来选拔各国战队，守望先锋世界联赛则是模仿 NBA 模式组织的以城市为单位的俱乐部联赛。吸引人才上，暴雪以重金任命多名来自传统体育行业、娱乐行业的顶尖高管，2018 年 3 月更是吸引了 3 名重量级人物加入团队，包括前 NBA 的高级营销副总裁 Brandon Snow、前美国知名的冰球队——新泽西魔鬼队的首席营销官 Daniel Cherry 和前 NBC 环球集团财务高管 Marc Kolin。电竞馆推进上，2017 年 3 月，在我国台湾建立了全球首个官方运营的电竞馆；同年 10 月，在洛杉矶成立电竞比赛中心。

重视中国市场，构建合作伙伴。2016 年中国电子竞技游戏市场实际销售收入达到 504.6 亿元，占中国游戏市场实际销售收入的 30.5%。电竞整体用户达 1.7 亿人。中国电竞市场所展现出来的巨大价值让国内外各大厂商争相抢夺，暴雪也不例外。2017 年初，暴雪联合网易公布了 2017HGC 黄金风暴联赛的扶持计划，暴雪在 2017 年将为中国地区风暴战队提供完整的赛事体系。同年 3 月 16 日，暴雪与香蕉游戏传媒共同宣布：将合作举办《守望先锋》职业系列联赛（OWPS），这也是两者继泛亚太超级锦标赛的又一次合作。① 见图 6.11。

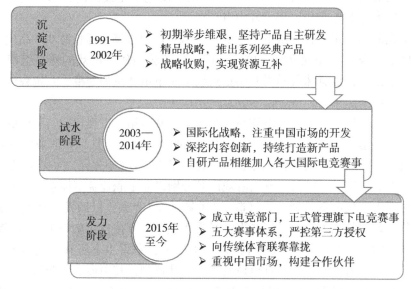

图 6.11　暴雪娱乐电竞发展示意图

6.3.2　暴雪娱乐电子竞技商业模式分析

作为游戏厂商的腾讯、网易以及暴雪，采用了三种截然不同的商业模式。相比于以

① 文豪. 暴雪首家电竞馆在台曝光，加注电竞赛事为哪般？ http://www.sootoo.com/content/670361.shtml，2017-03-26.

互联网社交平台出身的腾讯电竞，以作搜索引擎和提供免费电子邮件服务出身的网易电竞，始终坚持游戏产品制作本身的暴雪则显得更加纯粹。而今在各大游戏厂商开始布局电竞产业的热潮下，作为全球第一大游戏制作公司的暴雪也开始了其电竞战略规划。这里按照"价值主张—价值创造—价值获取"的商业逻辑，进一步分析暴雪公司电竞商业模式。

1. 价值主张

人民日报曾这样评论暴雪娱乐，"美国有家全球著名的游戏设计公司，在全球拥有数以千万计的铁杆玩家，每每翘首期盼它推出新款游戏，可人家自己却不急，一款经典游戏可以开发 10 年才最终面世，但就是这款游戏却可以让人玩 10 年甚至更长时间。它用先进的技术手段，将西方神话元素熔为一炉，创造了一个恢宏的世界。"[①]

自始至终，暴雪都把"制作伟大的游戏作品"作为核心，并将企业定位为"永远致力于创造最伟大的娱乐体验"的游戏制作公司，也正是如此，才迟迟未大力进军电竞圈，而是将产品交由各大国际赛事运营。而今带着这份愿景和使命，暴雪开始对电竞产业发力，与其他游戏厂商的布局截然不同，其依然坚持以产品作为核心，并展开了五大产品线下的全球联赛。

2. 价值创造

凭借着强大的研发能力和国际化水平，暴雪以自办的五大系列全球赛事、第三方授权赛事、各大国际电竞赛事的布局、传统体育联赛的经验学习、电竞馆的建立和与本土企业的合作为抓手，以产品为内核，促进电竞业务的发展。其中，将产品研发、产品代理权转让和三大层次赛事（包括五大系列全球赛、第三方授权赛事和国际电竞赛事）作为关键业务，凭借赛事服务和产品服务两个渠道加持，延长产品生命周期，增强用户黏性。同时，暴雪凭借吸收传统体育竞技高级管理人才、学习传统体育赛事体系，加快暴雪电竞赛事体育化的进程。除此之外，为了更快速推广电竞赛事，暴雪先后与网易、香蕉达成战略合作，分别在平台和直播上为相关赛事提供支持，并与股东腾讯持续合作推进电竞产业制度建设。

3. 价值获取

暴雪电竞战略布局的核心是产品本身和系列赛事的运营，所以其最大的支出就在于产品研发、赛事运营和赛事奖金上，最大的收入来源也是产品版权和赛事版权。作为游戏厂商，暴雪全年的游戏产品研发费用占总费用的 80%以上，可见游戏研发在公司中的战略地位。而自 2015 年暴雪开始布局电竞业务板块，其电竞业务收入也是以赛事门票、广告赞助、版权和周边经济为主，其中版权是暴雪娱乐电竞业务的最大收入来源，包括产品运营版权和赛事运营版权。值得一提的是，为了扶持俱乐部发展，暴雪将赛事举办的全部收入都平分给参赛俱乐部。见图 6.12。

---

① 莫让文化产业沦为资本的游戏. 人民日报，2013-10-25.

KP(重要伙伴)	KA(关键业务)	VR(价值主张)	CR(客户关系)	CS(客户细分)
网易、香蕉、腾讯、第三方赛事承办商、各大国际赛事举办方、俱乐部等	五大产品线的全球性赛事；赛事版权；产品开发；产品代理权转让等	核心价值主张：制作伟大的游戏作品 愿景：永远致力于创造最伟大的娱乐体验 使命：为客户提供多平台、高品质的、适合各类人群的电竞赛事服务	为游戏爱好者提供高品质的电竞赛事，为不同类型用户打造精品游戏	包括电竞赛事观看者，第三方赛事举办方、各国产品代理者、国际赛事举办方、俱乐部、职业战队、大学生战队、游戏产品用户等
	KR(核心资源)		CH(渠道通路)	
	超强的产品研发能力；国际化水平高；在游戏领域起步早，资源丰富，极具品牌效应；旗下产品极具完整性、竞技性		五大系列国际赛及第三方授权赛事；线下观赛与线上直播相结合	

CS 成本结构	RS 收入结构
游戏研发支出、赛事运营支出、赛事奖金支出等	游戏收入、版权、赛事门票、广告赞助、周边收入等

图 6.12　暴雪娱乐电竞商业模式画布

6.4　三种商业模式对比分析

通过对腾讯、网易、暴雪娱乐的电竞业务发展历程进行归纳总结，我们可以看到三家公司虽同为游戏生产厂商，却以截然不同的商业模式展开在电子竞技产业的追逐。本节通过价值主张、价值创造、价值获取三大维度来对比三种商业模式的异同，并尝试归纳三种商业模式的适用范围和运营条件。

6.4.1　三种商业模式对比

基因和企业文化背景决定了一家公司的战略选择，腾讯、网易、暴雪三家极具互联网属性的公司，分别选择了以电竞生态圈、人人电竞、电竞产品创新为核心的业务布局，其背后的商业模式也各有不同。

1. 价值主张对比

从价值主张维度来看，腾讯电竞、网易电竞和暴雪娱乐有着鲜明的差异，各有侧重点。腾讯电竞以用户价值为出发点，以电竞生态圈建设为核心，侧重于做产业连接器，与合作伙伴和产业上下游建立利益共同体身份，以最终达到产业链总体利益最大化。网易电竞以电竞产品热爱者身份为出发点，以人人电竞为核心，侧重于全民电竞和用户参与感，通过系列赛事来点燃用户热情，实现电竞氛围最大化。暴雪娱乐以制作伟大的游戏产品为出发点，以产品本身为核心，侧重于电竞赛事反哺游戏市场，建立五大经典产品的系列全球赛事，以达到游戏市场影响力最大化。从上述对比分析中可以看出，三家基因迥异的公司选择了不同的核心点，社交平台出身的腾讯以庞大的资源整合能力着重于电竞生态圈建设，做搜索引擎和免费电子邮件服务出身的网易以热爱者身份着重于电竞用户的参与感，相比之下，血统纯粹的暴雪娱乐自始至终都着重于产品本身的创新与研发。见表6.1。

表6.1 三大商业模式价值主张维度对比

项目	腾讯电竞	网易电竞	暴雪娱乐
价值主张	围绕电竞生态圈建设提供全产业链服务。	围绕人人电竞和用户参与感提供电竞服务。	围绕产品价值最大化提供国际化电竞产品服务。
异同	异：腾讯电竞着重于电竞生态圈建设；网易电竞着重于用户服务；暴雪娱乐侧重于产品创新与研发。 同：通过电子竞技游戏提供价值服务。		

2. 价值创造对比

从价值创造维度来看，三家公司因出身不同、文化不同和发展阶段不同，而各有特色。腾讯电竞以社交平台的海量用户作基础，以泛娱乐平台作保障，以构建金字塔式赛事体系、连接上下游、扶持俱乐部、推进电竞教育和布局直播市场为抓手，展开全产业链式的布局，并侧重于电竞赛事规则的制定；网易以国内游戏市场用户量作基础，以良好的口碑作保障，以产品开发、"百城千校赛事+全球职业赛"、"选手-战队-俱乐部"三级扶持红色主场打造和直播平台发展为抓手，展开生态链的打造，并侧重于电竞爱好者的参与感；暴雪以超强研发能力作基础，以国际化水平作保障，以五大系列全球赛事、第三方授权赛事、各大国际电竞赛事、传统体育联赛经验学习、与俱乐部共享赛事收益、电竞馆建设和本土企业合作为抓手，展开电竞业务的布局，并侧重于产品内核的打造。可见，三者虽然侧重点、出发点以及目前所处阶段不同，都希望利用自身资源优势布局电竞生态圈、做全产业链。见表6.2。

3. 价值获取对比

从价值获取（盈利模式）维度看，腾讯电竞以赛事门票、广告赞助、赛事版权和周边产品作为收入来源，并将赛事收入的45%平分给俱乐部和建立俱乐部联盟以扶持其发展；网易电竞也是将这四大收入作为主要收入来源，其中周边产品收入包括38个红色主场收入，对于俱乐部扶持，网易建立三级扶持体系并拿出专项资金进行投入；暴雪娱乐作为一家欧美游戏厂商，在很大程度上依靠游戏授权、知识付费以及赛事授权来取得收入，并用高额的奖金和赛事的全部收入扶持电竞俱乐部的发展。同时，由于地域属性不同，相比于暴雪娱乐，腾讯电竞和网易电竞都会得到政府对电竞赛事的专项资金支持。见表6.3。

表 6.2　　　　　　　　　　　　　　三种商业模式价值创造维度对比

项目		腾讯电竞	网易电竞	暴雪娱乐
价值创造		社交平台出身，凭借自身社交、视频、直播、游戏、文学等业务的展开积累了大量的用户，致力于各大平台的资源整合，通过赛事和内容创造两大核心，展开上中下游的产业布局，并致力于扶持电竞俱乐部、培养电竞明星选手、赛事规则制定、电竞人才培养等。	以自研产品而闻名，凭借自身游戏市场用户量的积累，展开生态圈布局，并极力打造全面电竞的氛围，侧重于民间战队与新兴俱乐部的扶持和民间赛事的举办，但目前只处于战略规划和业务布局起步阶段。	游戏厂商出身，凭借强大的研发能力和积攒多年的全球粉丝用户量，致力于国际化赛事的发展和以产品为核心的电竞业务布局，通过产品创新和对传统体育联赛的学习，推动赛事内容创新和赛事制度创新。
异同		异：腾讯电竞注重于赛事的市场价值挖掘，涉及整个电竞生态圈，考虑更为长久；网易电竞注重于以用户为中心的价值创造，起步较晚；暴雪娱乐注重于以原创产品和国际化赛事为中心的价值创造。 同：以电子竞技游戏为核心，通过赛事举办、周边市场延伸等拓展产业范围。		

表 6.3　　　　　　　　　　　　　　三种商业模式价值获取维度对比

项目		腾讯电竞	网易电竞	暴雪电竞
价值获取		赛事门票、广告赞助、赛事版权、周边产品、地方政府出资；俱乐部扶持：赛事收入的 45% 以及俱乐部联盟。	赛事门票、广告赞助、赛事版权、周边产品、地方政府出资；俱乐部扶持：三级扶持体系，专项资金。	游戏授权与知识付费收入、赛事举办、赛事授权；俱乐部扶持：高额奖金和赛事的全部收入。
异同		异：对俱乐部的扶持策略和力度不同；周边产品的开发水平不同；赛事版权和产品版权控制不同；受政府扶持程度不同。 同：靠赛事举办、周边产品与赞助商赞助获取收入。		

6.4.2　三种商业模式的运营条件及适用范围

通过以上商业模式的三个维度对比分析，将三种商业模式分别归纳为以腾讯电竞为代表的打造电竞生态圈、覆盖全产业链的商业模式；以网易电竞为代表的注重用户参与度、打造全民电竞的商业模式；以暴雪娱乐为代表的以产品研发为核心、打造国际职业赛事的商业模式。

打造电竞生态圈、覆盖全产业链的商业模式，要求企业在掌握内容创造和赛事版权的基础上，对产业进行多维度、涉及上下游的战略布局，并能有效联合利益相关者进行资源整合和配置，利用平台优势实现多个触点的价值变现，除此之外，还要求企业具有极强的社会责任感，能够连接政府、合作伙伴和用户，实现三方收益的可持续发展，并能为电竞产业未来发展做充分的战略准备，其中便包括相关法规推进、电竞赛事合法化的推进、电竞赛事体育化的推进、电竞人才持续培养、电竞选手职业培养等。这一商业模式适用于具有强大资金链、业务多元化、社交平台用户海量的企业。

注重用户参与感、打造全民电竞的商业模式，要求企业具备较强的产品研发能力，产品线多元化，品牌形象良好，基层赛事广泛且有吸引力，用户分布多层次，除此之外，对企业的宣传能力有很高要求，包括赛事宣传、产品宣传、俱乐部吸引扶持以及选手包装等。这一商业模式适用于具有广泛用户基础、宣传能力强和赛事体系健全的企业。

以产品研发为核心、打造国际职业赛事的商业模式，要求企业产品研发能力强，同时产品具备完整性、竞技性和观赏性的特质，赛事体系相对成熟并具有很强的认可度，除此之外，对企业的国际化程度要求极高。这一商业模式适用于掌握产品版权、极具研发能力和国际影响力的游戏厂商企业。见表6.4。

表6.4　　　　　　　　　三种电竞商业模式运营条件与使用范围对比

三种商业模式类型	打造电竞生态圈、覆盖全产业链	注重用户参与感、打造全民电竞	以产品研发为核心、打造国际职业赛事
运营条件	掌握内容创造和赛事版权的基础上，对产业进行多维度、涉及上下游的战略布局，具备超强的社会责任感	产品研发能力较强，产品线多元化，品牌形象良好，基层赛事广泛且有吸引力，用户分布多层次	产品研发能力强，产品具备完整性、竞技性和观赏性的特质，赛事体系相对成熟并具有很强的认可度，企业国际化程度高
适用范围	具有强大资金链、业务多元化、社交平台用户海量的企业	具有广泛用户基础、宣传能力强和赛事体系健全的企业	具有产品版权、极具研发能力和国际影响力的游戏厂商企业

基于不同的价值主张，三家游戏厂商选择了三种截然不同的商业模式进军电竞市场。其中，腾讯电竞基于社交平台和广泛的业务布局选择了打造电竞生态圈、覆盖全产业链的商业模式；网易电竞基于电竞热爱者和平民电竞的价值主张选择了注重用户参与度、打造全民电竞的商业模式；暴雪娱乐基于国际化、高竞技性的系列产品线选择了以产品研发为核心、打造国际职业赛事的商业模式。我们认为，内容生产企业主导下的商业模式选择各有独特性，以上述三种商业模式为代表，但不限于此，企业应充分考虑自身价值主张、核心资源和所处生态链地位来进行商业模式创新。

☞ **思考题**

1. 简述腾讯电竞、网易电竞和暴雪娱乐的发展历程和商业模式。

2. 电竞产业链的上下游分别有哪些参与者及代表企业？请简述作为电竞产业上游的参与者，游戏厂商如何展开电竞业务的布局？

3. 请在腾讯、网易和暴雪娱乐中任选一家企业作为对象，运用SWOT分析法，寻找其未来电竞业务发展的盈利点，并提出建议对策。

☞ 参考文献

[1]王国才.网络外部性、差异化竞争与主流化策略研究.中国管理科学,2005(5)：105-110.

[2]贾萌,窦维国."模仿创新"在企业成长中的作用探析——以腾讯为例.淮海工学院学报,2014(7)：86-88.

[3]薛建新.我国电子竞技运动发展研究.体育文化导刊,2015(1)：69-72.

[4]张永安,吴屹然.基于新视角的商业模式创新路径研究——以腾讯公司为例.经济体制改革,2015(05)：151-157.

[5]游舜琨.文化是推动企业成长和发展的动力——美国暴雪娱乐公司成功的启示.湖北函授大学学报,2017(11)：84-85.

[6]罗志恒.网易：重回一线的背后.互联网经济,2017(7)：76-81.

[7]卫丽红.丁磊的变与不变.互联网经济,2017(8)：60-65.

[8]李浩.暴雪游戏公司品牌传播研究.西部广播电视,2017(12)：53-55.

第7章 职业电子竞技俱乐部及其商业模式

电竞俱乐部是电竞产业商业生态系统的重要组成部分，其职业化程度与发展水平直接影响电竞产业的发展水平。本章主要分析中国电竞俱乐部职业化发展的过程与商业模式，探讨未来这类企业如何培育竞争优势。

7.1 职业电子竞技俱乐部概述

7.1.1 职业电子竞技俱乐部及其联盟

职业电竞俱乐部是电竞职业化的一种形式，类似于职业体育。所谓职业体育是指商业化、市场化了的体育活动，以竞技体育赛事的运作和推广为核心，通过赛事门票、广告、转播等方式在市场上吸引投资和获得商业收入。[①] 职业体育俱乐部是指具有企业法人资格的、拥有由职业运动员组成的有资格参加全国职业队联赛的职业运动队的体育俱乐部。[②] 按经营性质又可分为非盈利和盈利两种类型。盈利性职业体育俱乐部是完全按照市场机制经营、以竞赛为手段、以盈利为目的的商业组织。[③] 例如，英格兰足球超级联赛的足球俱乐部。非盈利性职业体育俱乐部是指，按市场机制经营职业运动队的主要目的不是为了盈利，而是为了创收，解决职业运动员的生计、训练和比赛问题。因此，所谓非盈利性职业体育俱乐部实质上是指这类俱乐部中的职业运动队。[④]

关于职业电子竞技俱乐部，目前国际和国内都还没有明确的定义，因而根据职业体育俱乐部的定义延伸出职业电子竞技俱乐部的定义：职业电子竞技俱乐部是指具有企业法人资格的、拥有由职业电子竞技选手组成的、有资格参加国内外各项职业电子竞技大赛的职业运动队，并以盈利为目的的商业化体育俱乐部。[⑤] 目前，我国著名的职业电子竞技俱乐部(以下简称"职业电竞俱乐部"或"电竞俱乐部")有 EDward Gaming(简称 EDG)、Team Word Elite(简称 WE)、LGD Gaming(简称 LGD)、Invictus Gaming(简称 IG)、皇族(简称 RNG)电竞俱乐部等。

---

① 百度百科. 职业体育. https://baike.baidu.com/item/%E8%81%8C%E4%B8%9A%E4%BD%93%E8%82%B2/10174642? fr=aladdin,2018-03-10.

② 胡洋. 我国职业电子竞技俱乐部管理运营现状研究. 北京体育大学，2014(8).

③ 王龙飞，金龙. 浅析我国体育俱乐部的类型及其发展现状. 安徽体育科技，2004(1)：58-60.

④ 王龙飞，金龙. 浅析我国体育俱乐部的类型及其发展现状. 安徽体育科技，2004(1)：58-60.

⑤ 胡洋. 我国职业电子竞技俱乐部管理运营现状研究. 北京体育大学，2014(9).

随着电子竞技行业的逐渐成熟，国内的职业电子竞技俱乐部自发组织，于 2011 年 11 月成立了中国电子竞技俱乐部联盟(Association of China E-sports，ACE)，由各个职业电子竞技俱乐部相关负责人或成员担任管理团队。该组织负责国内职业电子竞技战队注册、管理、转会、赛事监督等多方面工作，并颁布职业联赛参赛俱乐部管理办法、职业选手个人行为规范等多个条例，以促进电子竞技事业发展为宗旨，维护电子竞技俱乐部以及职业选手相关权益。①

目前国内最具影响力的电竞俱乐部联盟是 KPL 联盟和 LPL 联盟，均由腾讯牵头成立。其中，KPL 联盟全称为王者荣耀职业电竞联盟，由腾讯公司与 12 支 KPL 战队共同组成，于 2017 年 3 月 24 日成立。其愿景是成为全球最具影响力的职业电竞联盟，使命是通过最精彩的电竞内容带给观众梦想、激情和感动，并制定了收入分享、工资帽、转会制度、三方经纪模式、职业化培训、内容联合出品等电竞职业化战略下的联盟规则。② LPL 联盟全称为英雄联盟职业电竞联盟，2017 年 4 月底，《英雄联盟》的研发方拳头游戏以及中国区的运营方腾讯牵头，公布 LPL 实行联盟化和主客场制改革，具体改革措施包括：2017 年 LPL 夏季赛取消降级制度；2017 年 LPL 就参赛席位进行招标；2018 年所有 LPL 战队获得永久席位。③ 经过 LPL 的联盟化和主客场制改革，2018 年 LPL 春季赛由东、西部赛区的 14 支队伍组成，并由腾讯英雄联盟官方制定了收入分享、转会制度、参赛席位招标方案、俱乐部参赛资质评估标准等联盟规则，其目的为建立更加长久、健康的体育电竞生态，保证联盟生态的健康稳定与持续发展。

从商业生态系统的视角来看，不管是 KPL 联盟还是 LPL 联盟，腾讯在推进电竞俱乐部联盟化的过程中都扮演着"使能"的重要角色，即企业帮助自己利益相关方的生态系统变强，其后使得自身获益。④ 作为 LPL 的游戏运营商、KPL 的游戏开发商，腾讯吸收传统体育经验，通过制定电竞赛事标准、联盟规则等推动赛事升级、联盟打造和电竞职业化，与电竞俱乐部一起构建利益共同体和利益分配机制，实现电竞行业多元化商业模式的拓展以及电竞产业商业生态的不断完善。

7.1.2　中国职业电子竞技俱乐部的发展历程

我国职业俱乐部的发展与电竞产业的发展历程以及信息技术的发展密不可分，大致可以分为四个阶段。

第一阶段：业余战队阶段。1996 年，中国电子竞技产业出现了最初的萌芽。一些境外的电子游戏被引进中国，而这些游戏中携带了局域网的对战功能，吸引了

---

① 360 百科. 中国电子竞技俱乐部联盟. https://baike.so.com/doc/6725266-6939440.html，2018-03-10.

② 腾讯游戏. KPL 职业联盟成立　将打造全球最具影响力的电竞联盟. http://games.qq.com/a/20170324/026012.htm，2017-03-24.

③ 今日头条. 腾讯和拳头拥抱传统体育　英雄联盟职业联赛 LPL 迎来改制. https://www.toutiao.com/a6415495455815598337/，2017-05-02.

④ 荆浩、刘垭徐、娴英. 数字化使能的商业模式转型：一个制造企业的案例研究. 科技进步与对策，2017(03)：93-97.

新一代的青年。随着计算机技术的发展、网吧和局域网对战游戏的不断兴起，一些游戏玩家出于兴趣爱好成立了自发性的游戏组织，组建起初级意义的"战队"，一些网吧为吸引更多的顾客组织一些小型非官方的业余比赛，这是业余战队形成的开端。

第二阶段：半职业战队阶段。随着电竞参与人数越来越广泛，电竞游戏内容不断更新，电竞比赛逐渐增多，战队成员逐渐稳固，电竞比赛的影响力不断增强，比赛的规模也不断扩大，出现了固定的训练场所、训练时间以及参赛时间。某些战队由于成绩稳定，开始以赢取比赛奖金为目的，此时便形成了半职业队。

第三阶段：职业战队阶段。2003年，中国体育总局宣布电子竞技成为我国第99个正式体育项目，电子竞技得到了官方认可，电子竞技的影响力和参与度进一步提升，一些游戏成绩优秀且稳定的战队，为赢取比赛奖金在全国各地参加电竞比赛，并以此作为谋生手段。至此，职业战队形成，并开始形成一定的管理团队。在职业战队中，战队成员管理整个战队，一些战队选手随着年龄增大和成绩下滑，转型成为战队的领队，管理战队直至退役。

第四阶段：职业电子竞技俱乐部。随着电竞游戏的风靡，赞助商、品牌商和个人等对电竞行业的资本投入，游戏直播平台的兴起，职业战队的组织化和规范化管理，形成了职业电子竞技俱乐部。

7.1.3 职业电子竞技俱乐部的组建模式

随着电竞游戏的火爆和电竞行业的迅速发展，职业电竞俱乐部也纷纷涌现。根据组建模式划分，目前我国的职业电竞俱乐部主要有个人投资组建、公司投资组建和选手自行组建三种俱乐部组建模式。

1. 个人投资组建

个人投资组建俱乐部是指出资人出于对电竞的爱好进行投资，但不参与俱乐部运营和管理的一种投资行为，这不同于单纯的商业投资行为。目前我国个人投资组建的俱乐部主要以具有电竞爱好、资金实力、社会资源以及人气效应的富二代、明星投资为主，例如王思聪投资的IG电子竞技俱乐部、周杰伦投资的J Team电子竞技俱乐部、韩寒投资的1246电子竞技俱乐部等。

进入电竞领域最早的是北京普思投资董事长王思聪。2011年8月2日，王思聪在微博上宣布自己将进入电子竞技领域，收购快要解散的CCM战队，之后组建了IG电竞俱乐部，并从LGD战队中挖角了4名队员，宣称要整合国内电竞产业，其目标之一是打造全球顶级电竞俱乐部。[①] 表7.1和表7.2分别列举了富二代和明星投资组建俱乐部的情况统计。

---

① 搜狐网：王思聪身家60亿投资了哪些公司？他还进军直播行业. http://www.sohu.com/a/144628946_379259,2017-05-20.

表 7.1   **富二代投资组建电竞俱乐部情况统计**

俱乐部名称(简称)	成立时间	投资者	投资者身份
IG 电竞俱乐部	2011 年	王思聪	北京普思投资董事长、万达集团董事长王健林之子
OMG 电竞俱乐部	2012 年	侯阁亭	雏鹰农牧董事长侯建芳之子
EDG 电竞俱乐部	2013 年	朱一航	珠江商贸集团董事长朱孟依之子
VG 电竞俱乐部	2012 年	孙喜耀	华西集团董事长吴协恩之子、耀宇文化传媒有限公司董事长
EHOME 电竞俱乐部	2015 年		
Snake 电竞俱乐部	2013 年	蒋鑫	中国稀土控股集团董事长蒋泉龙之子
Newbee 电竞俱乐部	2014 年	王玥	正威国际集团董事长王文根之子
QG 电竞俱乐部	2015 年		

资料来源:作者根据资料自行整理,数据截止点为 2018 年 3 月 25 日.

表 7.2   **明星投资组建电竞俱乐部情况统计**

俱乐部名称	成立时间	投资者	电竞项目
1246 电竞俱乐部	2014 年	韩寒	守望先锋(2017 年 12 月解散)、CS:GO、绝地求生
J Team 电竞俱乐部	2016 年	周杰伦	英雄联盟、绝地求生
SMG 电竞俱乐部	2017 年 7 月	林俊杰	传说对决(王者荣耀海外版本)
疯狂电竞俱乐部	2017 年 11 月	余文乐	英雄联盟
The Jams 电竞俱乐部	2018 年 2 月	萧敬腾	不详
Lstars 电竞俱乐部	2018 年 2 月	鹿晗	绝地求生

资料来源:作者根据资料自行整理,数据截止点为 2018 年 3 月 25 日.

2. 公司投资组建

公司所有的职业电竞俱乐部大多由民营企业投资组建,电竞俱乐部的所有权归属于投资企业,电竞俱乐部只是民营企业投资的子公司。目前,由公司投资组建的职业电子竞技俱乐部中,比较具有代表性的有 WE 电子竞技俱乐部(隶属于上海希玛文化传播有限公司)、JDG 电子竞技俱乐部(京东投资创建)、SNG 电子竞技俱乐部(苏宁投资创建)、BLG 电子竞技俱乐部(B 站投资创建)。在这些俱乐部当中,最具代表性的是 WE 电子竞技俱乐部。Team Word Elite(简称 WE)电子竞技俱乐部,成立于 2005 年 4 月,是中国首家职业电子竞技俱乐部,现隶属于希玛(上海)文化传播有限公司。该俱乐部对当今世界流行的电子竞技项目均有所涉猎,包括目前世界范围内最受欢迎的《魔兽争霸》《魔兽世界》《星际争霸》《英雄联盟》等在内的流行比赛项目,在全球具有一定的影响力。由于创立时间较早,WE 电子竞技俱乐部在俱乐部管理运营、市场开发和梯队建设方面都走在了前列，是国内公认的最成功的职业电竞技俱乐部①之一。

3. 选手自行组建

从职业战队到职业俱乐部的转变过程中，战队老选手退役转变成了战队管理者，战队进而升级成为俱乐部。在国内职业俱乐部刚刚兴起的时候，这些俱乐部的运营资金及收入都来源于赞助商，但由于赞助商总是投资短期内成绩突出的俱乐部，造成投资的不持续、不稳定，因此这类俱乐部大多转变成公司投资组建的模式继续生存。

目前，业余选手组建的俱乐部中，最具代表性的是 AgFox 电子竞技俱乐部。该俱乐部成立于 2007 年，训练基地位于江苏宜兴，从最早单一的"魔兽争霸 3"项目发展转型成为国内一支综合性的职业电子竞技俱乐部，也是 ACE 电子竞技联盟第一批职业电竞俱乐部的成员之一。在业务战队阶段，因出色的成绩以及优秀的选手，该战队被誉为业余战队界的"皇家马德里"，这些也为其吸引了较为稳定的赞助，为日后发展成为职业电子竞技俱乐部提供了基础。②

7.1.4 职业电子竞技俱乐部的组织结构

从组织结构来看，职业电子竞技俱乐部主要由投资人、经理、媒介、领队和选手、翻译以及后勤人员构成，并且根据电竞游戏项目形成不同的战队分部，参加国内外各项电竞比赛。投资人是俱乐部的拥有者，即俱乐部的投资组建者；经理负责俱乐部的整个经营管理；领队负责电竞项目分部的训练、战术指导与战术分析；媒介通过俱乐部的官方网站、官方微博、官方论坛等渠道，负责俱乐部的线上线下宣传、市场推广以及商务合作；翻译和后勤人员负责一些辅助性的工作。

选手是俱乐部最重要的组成部分，队员年龄大多在 16~25 岁之间。俱乐部根据选手的战术能力和成绩组成各个项目分部，组织战队参加比赛、进行商务活动等，从中获得运营资金以及经济效益。例如，隶属于噢麦嘎（上海）网络科技有限公司的 OMG 电子竞技俱乐部，2012 年 6 月成立于四川成都，成立初期专注于"英雄联盟"项目，成立后于当年开始征战国内联赛。目前设有"英雄联盟"分部、"王者荣耀"分部、"绝地求生"分部，同时"英雄联盟"分部下还设有"英雄联盟"一队和"英雄联盟"二队，每个战队由 5~9 名队员组成。

7.2 职业电子竞技俱乐部的商业模式

职业电竞俱乐部的商业模式是指电竞俱乐部如何为电竞消费者创造价值、传递价值并获取收入的方式，其中，针对消费需求的价值主张是一切商业活动的出发点。

---

① 360 百科. WE 职业电子竞技俱乐部. https://baike.so.com/doc/5340126-5575569.html, 2018-03-16.

② 360 百科. AgFox 电子竞技俱乐部. https://baike.so.com/doc/6951593-7173994.html, 2018-03-14.

7.2.1　价值主张

客户价值主张是指企业通过其产品和服务所能向消费者提供的价值，这里的价值可分为产品价值和情感价值。企业要将自己的核心认同和价值观有效地传达给消费者，就需要确立一个价值主张，并围绕这个价值主张开展品牌传播和营销活动。

如若按照"内容授权—内容生产—内容制作"的思路来划分整个电竞产业链，电竞俱乐部是最核心的内容生产方，没有内容生产，上游的内容授权环节和下游的内容制作环节都无法产生价值以及获得收益。对于电竞俱乐部而言，俱乐部职业选手通过参加电竞赛事进行内容生产，而赛事内容生产的受众是用户，这里的用户可细分为线上观赛用户和线下观赛用户。其中，线上观赛用户是指通过内容制作方的各类媒体传播渠道观看比赛的用户，线下观赛用户是指购买门票去现场实际观看比赛的用户。

从用户观赛需求的动机来看，线上和线下观赛用户的动机两者有相同也有不同，其需求动机可分为三种：第一类是信息需求，即通过观赛，深入了解游戏、游戏战术、职业选手、战队成绩、俱乐部等信息。第二类是社交需要，即通过与亲朋好友一起观赛进行社会交往或获得一种社交联系。第三类是情感需要，即通过观赛获得一种娱乐、愉悦、放松、刺激等情感享受。总体而言，线上观赛用户的动机主要是基于信息需求的满足，而线下观赛用户的动机基于社交需要和情感需要。

因此，电竞俱乐部作为凝聚电竞粉丝的品牌纽带，最核心的还是用户。为线上线下的观赛用户提供更具观赏性和趣味性的赛事表演，展现电竞的魅力，传达一种追求梦想、奋斗拼搏的竞技精神，与观赛用户产生情感上的互动与共鸣，满足用户多样化的观赛需求与价值诉求，从而进行电竞粉丝经济的商业价值开发，即用户为王是电竞俱乐部的主要价值主张。

7.2.2　价值创造

在整个电竞产业链中，游戏、俱乐部、赛事是一个联动性的产业。电竞俱乐部的价值创造途径主要依靠赞助商赞助、参加电竞比赛、直播平台签约、商演活动和电商变现等。

随着整个电竞产业链的不断完善和细分，促进整个电竞产业的互利共生，腾讯电竞牵头助推电竞俱乐部的联盟化和电竞赛事的主客场制。2017 年 3 月 24 日，由腾讯电竞主导、参加 KPL 的 QG、AG 等 12 家电竞俱乐部基于王者荣耀职业联赛（KPL）联合成立了 KPL 电竞联盟，并提出了选手工资帽的概念，具体规定了选手的工资上限和下限，帮助俱乐部控制运营成本的同时，也为选手提供了工资保障。此外，腾讯称 KPL（王者荣耀）联盟还会从代言、奖金、直播等多方面提升选手的收入。与此同时，腾讯团队与美国拳头公司团队合作成立 LPL（英雄联盟）电竞联盟，并称从 2018 年春季赛起，LPL 开始进行联盟化改革，取消降级制度，并在电竞领域首试主客场制。联盟化和主客场制的实行，增加了电竞俱乐部的价值创造途径，即电竞俱乐部可以获得联盟的收入分成，而未来主客场制全面推行后，主场收入也会成为电竞俱乐部的价值创造途径之一。

从未来的发展趋势看，随着联盟化、主客场制的全面推行，电竞行业相关制度、规则逐渐确立，整个电竞生态体系的不断完善，电竞俱乐部作为整个电竞产业链的核心环节，将会呈现出更多的发展业态，挖掘更多的商业价值，以及形成多元化全过程的价值创造途径。

7.2.3 价值获取

早期的电竞俱乐部以富二代个人出于对电竞的兴趣爱好投资组建为主，虽没有资金运营的压力，但由于电竞行业相关的规则体系不够完善，整个电竞产业链不够成熟，电竞俱乐部很少盈利，大多处于亏损状态。而选手自行组建的俱乐部则主要依靠赞助商维持运营，生存困难。但近年来电竞行业迅速发展，国家政策的松绑，电竞市场化、专业化和职业化趋势明显，再加上各类直播平台的兴起，电竞产业初步形成了良性发展的生态，良好广阔的市场前景，吸引了大批电竞选手和各类资本的涌入，为电竞俱乐部商业模式提供了新的、更加多元化的可能性。

目前，电竞俱乐部的价值获取主要通过以下渠道：赞助商收入、选手比赛奖金抽成、游戏厂商补贴收入、直播平台签约收入、联盟收入分成、商演活动收入、电商变现收入等。其中，赞助商收入是现阶段电竞俱乐部的主要收入来源，这依赖于电竞俱乐部的战队成绩以及品牌影响力。据统计，目前只有 IG、EDG、LGD、OMG 等少数知名俱乐部能获得赞助。联盟收入分成是指作为游戏发行商和运行商的腾讯，将联盟收入(不限于媒体版权和赞助收入，包括游戏内收入)按照一定比例(KPL 联盟分配比例为赛事收入的 10%；[1] LPL 联盟分配比例为赛事收入的 45%)分配给各个加盟俱乐部，从而保障现阶段俱乐部的收入和正常运营。但只有加入了 KPL(王者荣耀)联盟和 LPL(英雄联盟)联盟的电竞俱乐部拥有这部分收入。因此，对于其他现阶段没有能力加入联盟的俱乐部而言，盈利依旧困难。总体而言，目前我国电竞俱乐部盈利模式单一，大多处于亏损状态，尚未实现盈亏平衡，仅有 LGD、WE、GK 等少数顶级电竞俱乐部能实现盈亏平衡。

另一方面，职业电子竞技俱乐部的主要成本支出包括：工资支出(包括选手、教练、领队、管理人员、后勤保障人员等)、训练场地租赁费用、俱乐部日常开销、媒体运营费用、硬件设备费用等。据媒体报道，2017 年所有 LPL 俱乐部基本都亏损，平均亏损 30%~40%；[2] 而在电竞俱乐部初创时期，即使最差的 LPL 战队，每个月的开销至少需要 10 万元人民币。[3] 对于条件较好的一线俱乐部而言，虽然通过赞助、直播、商演等获得的收入较多，但同时面临着明星选手打造包装、训练场地扩容、选手培养、俱乐部运营、广告宣传等费用的增加，除去各项支出后依然很难盈利。图 7.1 描述了职业

---

① 创业邦. 这支《王者荣耀》战队拿到近千万投资，成立 1 年盈亏平衡，95 后选手月薪 3 万，比白领高多了. http://www.cyzone.cn/a/20171024/316995.html,2017-10-24.

② 搜狐网. LPL 五周年，电竞俱乐部如何跟上变革步伐. https://www.sohu.com/a/225551071_482889,2018-03-14.

③ 搜狐网. 2017《英雄联盟》全球总决赛在北京国家体育场"鸟巢"落下战幕. http://www.sohu.com/a/203018965_115832,2017-11-08.

电竞俱乐部商业模式画布内容。

重要伙伴	关键业务		价值主张	客户关系	客户细分
游戏厂商、赞助商、游戏直播平台、京东、淘宝、视频网站、电竞媒体等	参与电竞赛事、商演活动、电竞直播与解说、电竞周边产品售卖		用户为王，为用户提供高观赏性与高趣味性的赛事表演，给用户带来娱乐、愉悦、刺激的情感享受	观赛、线上粉丝互动、线下商演活动互动等	游戏厂商客户、赞助商客户、直播平台客户、电商客户、观赛客户、周边产品开发客户等
	核心资源			渠道通路	
	明星选手、品牌优势、赛事表演内容			自有渠道+合作渠道；俱乐部官网+电竞赛事+微博+微信公众号+直播平台+媒体网站+电商渠道	
成本结构			收入结构		
工资支出+转会费+联盟费+训练场地租借成本+俱乐部日常开销+硬件设备开销+媒体运营成本+宽带成本			赞助收入+比赛奖金收入+直播平台签约收入+游戏厂商补贴收入+联盟收入分成+商演活动收入+周边产品售卖收入		

图 7.1　职业电竞俱乐部商业模式画布

从上述分析内容可以看出，电竞俱乐部模式的核心竞争优势在于俱乐部的明星选手和自身的品牌优势。职业电竞俱乐部通过明星选手的赛事表演、个人魅力和俱乐部的品牌优势，吸引赞助、入驻直播平台以及电商变现，从而获得收益。该模式的劣势在于由于目前电竞行业标准和规范不完善、俱乐部运营管理经验不足、投资过热但投资质量参差不齐等原因，俱乐部的盈利模式单一，商业运作能力较弱，商业价值开发不够，尚未实现良性发展。

7.3　职业电子竞技俱乐部未来商业模式创新

职业电竞俱乐部要获得持续发展，需要创新商业模式，培育核心能力和竞争优势。

7.3.1　职业电子竞技俱乐部的优势与机会

1. 优势

（1）用户规模优势

据全球游戏市场调研机构 Newzoo 发布的《2018 年全球电竞市场预测报告》估计，电子竞技将继续在全球范围内扩大其庞大的粉丝群。到 2018 年，世界各地的电子竞技爱好者①数量

---

① 电子竞技爱好者：每个月观看职业电竞比赛的次数不止一次。

将达到 1.65 亿，相比 2017 年的 1.32 亿，同比增长 15.2%；电子竞技观众总数①将达到 3.8 亿，同比增长 13.5%。

以英雄联盟用户为例，2017 年全年，英雄联盟 LPL 赛区职业赛事观赛人次突破 100 亿，全年观赛时长突破 17 亿小时，LPL 单场最高观赛人次突破 1.4 亿，创下新的历史记录。而 S7(英雄联盟第七届全球总决赛)落地中国，半决赛 SKT 电竞俱乐部对决 RNG 电竞俱乐部，全球超过 8 000 万观众观看，更是打破了《英雄联盟》此前所保持的所有纪录，成为全球电竞发展史的又一历史性突破。② 此外，接近一半的电竞赛事受众目前会付费观看联赛，平均每年花费达到 209 元，未来花费意愿和潜力也在增长。

以上数据表明，随着全球电竞行业以及中国电竞市场的蓬勃发展，电竞观赛用户规模也在不断增长，并且电竞用户的消费能力强大。同时，随着端游(客户端游戏)、页游(网页游戏)行业日渐成熟，移动游戏轻操作、低门槛、碎片化的特性展露优势，用户活跃度高；而移动电竞自带社交属性，也使得用户留存率也较高。庞大且不断增长的电竞用户群体，强大的电竞用户消费能力，移动电竞全民化、娱乐化的发展趋势，都将促进电竞赛事规模、质量的提升，而对于作为赛事最重要的参与者电竞俱乐部而言，这些无疑为电竞俱乐部打造明星选手、利用粉丝变现、商业价值开发、构建商业模式提供了良好的发展优势。

(2) 主客场制优势

为了平衡俱乐部利益、打造电竞生态，腾讯和拳头游戏效仿传统体育 NBA 的成功模式，推行电竞联盟化和主客场制。2017 年 4 月，《英雄联盟》正式宣布 LPL(其官方最高水平职业联赛)将取消降级制度，并且就参赛席位进行招标，到 2018 年所有 LPL(英雄联盟)战队获得永久席位，并将开展主客场制。③ 主客场制可以有效提升用户对于主场电竞赛事的关注度，也可以为当地观众赋予对当地俱乐部的归属感，刺激消费欲望，同时也利于线下电竞的普及与全民化。

总体而言，主客场制通过将线上电竞线下延伸，依靠强大的用户观赛需求和粉丝基础，电竞俱乐部能够调动更多的当地特色资源，俱乐部本身也升级为一个运营主体，来引导以赛事为中心的一系列产业运作，从而促进电竞俱乐部对用户全过程的价值挖掘。在满足当地用户观赛需求，逐渐形成完善电竞生态过程中，主客场制还将为电竞产业线下周边配套设施如电竞场馆提供壮大空间，亦可促进电竞俱乐部周边经济的发展，引发连锁反应，让电竞产业积攒更广阔的腾飞空间成为可能。表 7.3 描述了 LPL 改革前后的对比情况。

---

① 电子竞技观众总数：电子竞技爱好者和偶尔观看的观众；偶尔观看的观众是指每个月观看职业电竞比赛的次数少于一次。

② 数据来源：英雄联盟官网。

③ 凤凰网. KPL 过半俱乐部盈利，LPL 可以学到什么. http://games.ifeng.com/a/20170719/44653251_0.shtml, 2017-07-19.

表 7.3　　　　　　　　　　　　　LPL(英雄联盟职业联赛)改革前后对比

对比内容	NBA	旧 LPL	新 LPL
主客场	有	无	有
赛区划分	东西部赛区	A、B 组分组制	地域制
队伍数	30	12	14
比赛区域	全国	上海	多地(发展初期 3~5 个城市)
生态环境	已趋于完善	瓶颈	前景广阔
主场环境	主场迎战,有完善的粉丝经济与地域荣誉	无	玩家体验将进一步提升;地域荣誉机制得以建立;主场队伍与当地深度区域合作;电竞地产、电竞商业综合体等多元化业态展现

(3)政策支持优势

自 2003 年电子竞技被国家体育总局批准为体育竞赛项目以来,至今已近 15 年。作为一项新兴的体育项目,电子竞技在全球范围内的迅速发展,电竞赛事观众的广泛参与以及强大的影响力,受到政府和社会各界的高度关注。政府不仅积极引导公众对电子竞技的客观认知,也出台了相关的政策鼓励和支持电竞产业的发展。

2016 年 4 月,国家发改委发文,提出将电子竞技游戏游艺赛事列入十大转型升级消费行动之一;7 月,国家体育总局发布的《体育产业十三五规划》中,提到加快发展电子竞技与其他相关休闲产业;9 月,教育部甚至在《2017 高等职业学校招生申报》中,将"电子竞技"作为增补专业包括在内,旨在培养电竞产业的职业后备军。而在地方政府方面,近年来多地电竞馆、电竞小镇的建设,大小型电竞赛事的举办等,则旨在引导电竞产业的健康发展。总体而言,政府扶持的重点大多在于各地赛事场馆、体育中心的建设和电竞专业人才的培养,一方面是抓住电竞行业发展机遇,促进当地经济发展、产业升级和经济转型;另一方面,电子竞技在全球具有广泛的影响力,政府支持甚至主办大型电竞赛事,亦可以"电子竞技"作为文化载体,通过赛事中独特的中国元素和细节,向国人和世界传播中华文化。

对于电竞俱乐部而言,国家及地方政府在电竞赛事、电竞馆、电竞小镇、体育中心等方面的政策红利,有利于电竞俱乐部结合当地特色资源,利用赛事场地以及配套的基础设施,打造俱乐部自身的品牌,多元化、全过程地挖掘商业价值。

2. 机会

(1)大量资本投入

近年来随着《英雄联盟》《王者荣耀》《绝地求生》等电竞游戏的火爆,国内资本纷纷涌入电竞行业,投资或者赞助电竞俱乐部,改变了早期由个人金主提供资金支持的局面,而稳定的资本投入使俱乐部不再有运营解散的压力,也为俱乐部寻求更好发展注入了新的活力。

据统计，2017 年多家电竞俱乐部获得了新的巨额融资。2017 年 3 月，LGD 宣布俱乐部完成了 3 000 万元的 A 轮融资，用来完善青训队的建设和建立电竞影视文化中心。6 月，PRW 俱乐部(原江苏常奥赤焰狼 RW)宣布获得了上海中腾泰富投资的 7 000 万元 Pre-A 轮融资，成为国内首家完成千万级融资的 TGA(腾讯游戏竞技平台)俱乐部。11 月，PRW(人民常奥电竞俱乐部)又以 2 亿元人民币的估值完成了 A 轮融资。而在移动电竞领域，知名的"王者荣耀"俱乐部 GK 在 10 月宣布获得近千万元的天使轮融资，用来扩充俱乐部团队、发展新的电竞项目以及建设电竞主场馆。除了电竞俱乐部的资本涌入外，下游直播平台的兴起也吸引了大量资本投入，电竞职业选手与直播平台签约成为电竞主播或电竞解说，这也为电竞俱乐部增加了重要的收入来源。

随着电竞的热度不断增长，不同背景的资本通过各种方式进入电竞产业链的各个环节，越来越多的投资者看好电竞产业的行业前景和电竞俱乐部的商业价值，开始电竞产业链的战略布局。在电竞全民化、专业化、职业化和体育化的发展趋势下，资本的投入为电竞俱乐部挖掘商业价值、探索多元化的商业模式提供了良好的发展机遇。

(2)赛事规模和规格大幅提升

随着近年来电子竞技的蓬勃发展，中国电竞用户规模猛增，围绕专业电竞内容和电竞赛事为主体的电竞产业生态已经初见雏形。然而线上内容已经不能满足用户日益剧增的观赛需求，为此，国内引进了很多高规格的世界电竞赛事，助推电竞产业的发展。2017 年，"英雄联盟"S7 全球总决赛落地中国，先后经过武汉、广州、上海、北京，并最终在北京国家体育场决出冠军；阿里体育在海口举办 WESG 世界电子竞技运动会总决赛；CMEG 全国移动电子竞技大赛总决赛在忠县三峡港湾电竞馆举行；"穿越火线"CFS2017 世界总决赛于西安城市体育馆举行等。

可以预见的是，电竞用户观赛需求的猛增，电竞赛事的规模和规格都将大幅提升，电竞赛事也会变得越来越多。电竞俱乐部作为电竞赛事的重要参与者，这些赛事的举办可以增加俱乐部的品牌影响力，从而吸引赞助商的赞助、直播平台的签约、俱乐部周边产品的售卖等，促进电竞俱乐部的商业价值的有效开发。

7.3.2 职业电子竞技俱乐部的劣势与威胁

1. 劣势

(1)俱乐部运营管理经验不足。目前，我国电子竞技俱乐部粗显规模，但大多数电竞俱乐部创立时间较短，运营管理经验不足，因而在俱乐部运营管理以及内部人员管理方面，存在管理混乱、运行机制不健全等问题。

首先，在俱乐部的人员管理方面，由于俱乐部早期运营资金压力较大，俱乐部组织结构较为松散，缺乏规范的规章制度和专业的管理人员，导致俱乐部内部管理混乱，经常出现冲突频发、选手生活缺乏保障、战队解散、选手未来发展路径不明确等问题。同时，由于缺乏相关机构对职业电竞选手转会制度的管理，各俱乐部为了冲击更好的成绩四处挖角，顶级选手的转会费水涨船高，从三四年前的几十万元暴涨至现在的几百万甚至上千万元。其次，在俱乐部运营管理方面，管理经验的不成熟，使得俱乐部的盈利模式单一，商业价值开发能力较弱。目前，赞助成为我国电子竞技赛事的主要甚至唯一的收入来源，而转播权、门票方面则收入甚微。电子竞技周边产品更是没有得到足够的开发，对赛事的支持度远远不够。

我国的电子竞技产业还处于起步阶段，不论是选手还是俱乐部，都需要外部的资金投入来助推发展。然而就目前的市场形势，投资者对电子竞技的资金投入和因此而产生的收益还不能达到平衡。因此，从长期来看，俱乐部商业价值的开发、多元化的创收来源是电子竞技市场化的重要保证。

（2）人才培养及选拔体系不完善

由于电子竞技项目本身的战术发展、项目的更替、比赛成绩不稳定、业余高手的涌现等问题，电子竞技运动员的职业平均寿命在 5 年左右。随着时间的推移，在快速的项目更替中，早一批的职业选手退役转型，俱乐部都需要引进和发掘新的优秀运动员，在这个时期中国俱乐部出现了战队选拔赛，业余高手通过选拔赛脱颖而出进入职业圈，到目前为止这也是职业俱乐部发掘选手的重要途径之一。然而，仅仅从民间挖掘选手是远远不够的。由于职业选手转会成本太高、转会频繁等原因造成俱乐部成本增加、人才流失，俱乐部意识到人才培养的重要性，因此纷纷成立了青训队和梯队训练体系。但是，俱乐部的投资者只注重战队成绩和短期的利益回报，再加上选手转会制度不完善，买卖优秀职业选手和战队挖角的现象时有发生。据媒体报道，2018 年 KPL 春季转会期首次采用"挂牌出售"的转会方式，共有 31 位职业选手挂牌，但仅有 5 位选手转会成功。[①]

此外，在对职业选手的培养方面，大多数职业选手的年龄在 16～25 岁，由于专业教育体制的缺失，电竞从业人员往往学业与事业不得兼具，整体呈现低年龄、低学历、低素质的特征。同时，由于投资人的关系，俱乐部往往只注重成绩的提高，缺少心理素养和文化水平的教育，造成职业选手自身职业素养和竞技精神的缺失。总体而言，我国电竞俱乐部人才培养和选拔体系不成熟，造成职业选手整体综合素养偏低，阻碍了俱乐部的良性发展。

（3）社会舆论压力

从 2003 年电子竞技就被国家定为法定体育项目，至今已将近 15 年，而且，国家教育部也已将电子竞技作为一门专业批准高校招生，但社会大部分人将电竞等同于玩游戏，对电竞行业以及电竞从业者抱有不务正业甚至是反对的态度，在长辈身上尤为明显。沉迷游戏、影响学习、不务正业的大众误解给整个行业和电竞选手带来了巨大的社会舆论压力。随着我国电竞的发展和普及，虽然部分大众对电竞看法有所改观，但整体而言，社会认可度仍然很低，十多年来所累积的社会观念仍然没有得到质的改变。这也使得选手们在背负比赛重担的同时，还承受着较大的来自周围环境的心理压力，从而导致了许多选手最终选择退役转行。

然而，电竞行业的人才需求却十分强烈。2017 年伽马调查报告的数据显示，电竞

---

① 手游那点事.《王者荣耀》职业选手转会费高达千万元，是不是高了点？http://www.jiemian.com/article/1933609.html，2018-02-08.

行业规模年复合增长率已经达到46%，电竞行业人才缺口达26万。① 此外，一些电竞选手在比赛或直播过程中言行不当，素质低下，负面舆论压力也使得公众对电竞的认知难以改观。因此，电竞行业的健康发展，还需要政府文化监管部门的介入、社会媒体的正确引导、电竞选手自身综合素养的提升以及电竞教育体系的建立和完善。

2. 威胁

（1）游戏生命周期短

不同于足球、篮球这种具有深厚历史底蕴和长青的竞技项目，电子竞技是以游戏项目为核心，电竞和游戏难以分开。虽然移动电竞凭借强社交属性、易上手、受众广、充分涵盖碎片化时间的优势，获得了巨大的用户群，但是每款游戏都有自身的生命周期。游戏的生命周期，实际上指的是一款游戏的市场寿命，也就是指一款游戏投放市场到最终退出市场的整个过程。一款游戏投放市场后，也要经历引入期、成长期、成熟期、衰退期几个阶段。对于不同的游戏，各个阶段的时长是不一样的，正是这种时长的差异，体现了不同游戏的竞争能力和盈利能力。一般来说，在端游时代，一款游戏的生命周期大约为3~5年，而一款手游的平均生命周期只有6~12个月。②

从游戏内部来看，其整个生命周期的长短在游戏设计初期就已经基本确定，游戏节奏快慢、付费点的设置、游戏的玩法深度等都会影响其生命周期，而同时版本更新、运营活动等则是游戏运营期影响生命周期的重要因素。从游戏外部来看，游戏市场的竞争状况、题材热点等，也是非常重要的影响因素。因此，对于俱乐部而言，游戏的快速迭代，使得俱乐部无法预判未来的电竞赛事项目，只能被动地围绕现阶段火爆的游戏组建战队。此外，游戏类型的变更，原有战队是否能适应新游戏，战术水平是否会下降，对于俱乐部而言，都将是一项很大的挑战，易造成战队成员频繁更替、俱乐部发展不稳定等问题。

（2）职业选手职业寿命短

与传统体育运动员不同，电竞选手的职业寿命非常短暂，年龄终归是所有职业选手的天花板。虽然目前没有精确的官方数据，但总体而言，电竞选手的职业寿命不超过10年。一般来说，电子竞技的黄金年龄是18~25岁。例如，著名的LGD电子竞技俱乐部选拔电竞人才时，在年龄上倾向于选择16~18岁的年轻人，经过2~3年的训练和培养，最终进入一线战队。这主要是因为电子竞技本身的特殊性，电子竞技是一项智力对抗运动，不仅考验选手的智力水平，同时也考验选手的极限反应能力、决策能力和手眼协调的速度，对选手的年龄、阅历和天赋都有极高要求。然而，随着年龄的增长，虽然选手通过赛事积累了很多战术经验，但反应能力、操作能力和身体状况都会下降，最终影响战队成绩。

此外，年龄的增长使得比赛规则突变后，选手还需要极高的适应能力克服长期训练

---

① 网易科技. 中国成全球最大电竞市场，人才缺口达26万. http://tech.163.com/17/0704/07/COG0D4G000097U7R.html，2017-07-04.

② 艾瑞咨询. 游戏产品生命周期较短，打造长周期精品游戏成行业课题. http://report.iresearch.cn/content/2017/12/272357.shtml，2017-12-28.

带来的本能反应，难度之高可以想象。因此，不管是对于选手还是俱乐部而言，电竞职业生涯短暂都会对选手自身、俱乐部长期发展产生不利影响，而电竞明星选手的更替，也会影响俱乐部的粉丝受众，造成粉丝流失、俱乐部品牌影响力下降等问题。

7.3.3　职业电子竞技俱乐部未来商业模式的发展路径

通过前两节对职业电竞俱乐部的优势与机会、劣势与威胁的分析发现，我国职业电竞俱乐部存在运营管理经验不足、人才培养与选拔体系不完善、盈利模式单一等问题。针对这些问题，我们提出几点未来职业电竞俱乐部商业模式的发展建议。

1. 完善人才培养与选拔体系

对于电竞俱乐部而言，优秀且稳定的成绩是其核心竞争力，也是俱乐部形成品牌影响力的必要前提。不管是传统体育项目还是电子竞技，成绩是商业化的前提，俱乐部和选手的成绩很大程度上影响了俱乐部和选手的话题热度、曝光量、品牌和口碑，也决定了俱乐部及选手在玩家及粉丝心目中的影响力。因此，从商业价值开发的角度来看，一方面，赞助商、直播平台等会倾向于选择与成绩优秀的俱乐部合作，依靠俱乐部以及选手的粉丝关注度进行广告投放、产品宣传或拉动流量等，获得投资收益。另一方面，仅仅成绩优秀是不够的，稳定的成绩是俱乐部获得持续赞助以及俱乐部持续运营的重要保障。

所以，俱乐部要进行商业价值的开发，构建自身的核心竞争力与差异化竞争优势，就必须提升和保证战队的成绩，这就需要俱乐部加强对职业选手的培养，选拔和挖掘具有潜力的队员。电竞俱乐部应当完善人才培养和选拔体系，例如与电竞教育机构或高校合作，培养电竞专业人才，提升电竞选手的竞技水平和整体素质。一方面可以避免选手转会给俱乐部带来人才流失、战队成绩下滑的问题，另一方面可以为俱乐部挖掘潜力选手、开展新的电竞项目储备人才。

2. 发展粉丝经济

粉丝经济伴随着电竞明星效应日显重要，而电竞明星、电竞俱乐部和粉丝是互利共生的。电竞粉丝群体年龄较小且消费能力较强，同时消费黏度极高，发展粉丝经济将给电竞产业带来更多利润。

电竞俱乐部可通过对电竞明星选手进行商业包装，塑造真实、立体、生动的选手形象，或者通过直播平台、线下商演活动与粉丝近距离互动等，扩大粉丝基数，增强粉丝效应，拓宽粉丝经济的广度和深度。首先，明星选手的粉丝经济拓展，使得更多粉丝对于现场赛事门票进行消费，为赛事举办方也会创造更稳定的资金来源。其次，电竞跨界品牌营销迅猛发展下，更多的职业选手倾向于转行游戏解说和主播更能证明不断成长起来的粉丝经济潜藏着无限商机。最后，电竞俱乐部可配合电竞电商，进行外设、服装、零食等各类衍生销售，伴随着更多的广告代言，使得粉丝经济更具影响力。

在对电竞明星选手进行包装时，首先应当平衡好选手训练时间和商业开发之间的关系。其次，俱乐部通过多种媒体渠道对明星选手进行形象塑造时，应保证电竞明星选手形象独特、具有较高的辨识度，电竞明星选手线上线下形象保持一致。此外，电竞俱乐部可通过与直播平台合作，培养明星电竞主播、明星电竞解说等人才，完善整个电竞人才培养链条，延长电竞选手职业寿命的同时，拓宽电竞俱乐部的收入来源。

3. 提高俱乐部管理水平

目前我国的电竞俱乐部管理者自身水平有限，要突破这一障碍，职业电子竞技俱乐部应当建立完善的管理制度，提高管理人员的整体素质，不仅要提高文化修养，还要提高管理经营的专业性。一方面俱乐部要培养自己的管理人才，另一方面也要加强专业管理经营人才的引进。例如，俱乐部投资人可以尝试聘请专业的职业经理人，为俱乐部提供专业化的管理。或者让退役选手回归校园学习管理知识、广告策划、营销学等，经过专业的培训学习，再从事电子竞技行业，为整个行业提供一个良性的造血循环系统，也可以进一步解决选手退役后的就业问题。通过提升管理人员的经营管理水平，找到俱乐部正确的经营方向，改善俱乐部的内部环境，不断开拓新的盈利模式来增强俱乐部自身创造收益的能力。

4. 跨界合作

随着电竞产业链的不断完善、电竞俱乐部的市场化运作，不同背景的资本开始涌入电竞领域，电竞俱乐部也延伸出了商业模式构建的多种可能性。主客场制的推行，赛事的地域化，为电竞俱乐部拓展了新的发展空间和收入来源，我国顶级的俱乐部都已经开始战队之外的商业布局，进行跨界合作，利用资本投入方的背景，探索"电竞+"的商业模式。

例如，"电竞+地产"的商业模式。赛事地域化后，部分电竞俱乐部开始布局线下电竞馆，将线上电竞赛事延伸至线下。俱乐部通过电竞馆这个线下运营实体以及电竞馆周边配套的商业娱乐设施，促进电竞粉丝购物、游戏、饮食、娱乐等消费，形成一个以俱乐部为中心的电竞商业综合体，从而增加赛事门票收入、电竞周边开发的创收渠道。

又如，"电竞+电商"的商业模式。传统电商巨头苏宁、京东也开始布局电竞产业链，分别组建了 SNG 电竞俱乐部和 JDG 电竞俱乐部，借助 LPL 联赛进行品牌营销，以此带动电竞周边硬件产品的消费。传统电商巨头与电竞的跨界合作是互利共赢的。一方面电商企业可通过组建电竞俱乐部、设立电竞赛事等方式进行品牌营销，提高品牌关注度，带动电竞硬件设备的消费；另一方面，电竞俱乐部可通过大型电商企业的平台优势，拓展电竞俱乐部的电商渠道，推广电竞周边产品，实现电商变现。

除了"电竞+地产"、"电竞+电商"等发展模式外，目前电竞领域还出现了"传统体育+电竞"、"电竞+教育"、"视频网站+电竞"、"手机+电竞"等多种电竞跨界合作形式。从未来的发展趋势来看，电竞与其他行业的跨界合作会越来越广泛且合作形式越来越多元化，并为电竞俱乐部带来新的发展空间和盈利的可能性，利于俱乐部提升商业开发的价值，形成多元化的商业模式。因此，电竞俱乐部应当抓住跨界合作的发展机遇，形成互利共赢的良好生态。

☞ 思考题

1. 职业电竞俱乐部有哪几种组建模式？每种模式的优劣势与发展趋势如何？未来职业电竞俱乐部的商业模式还有哪些可能性？

2. 你认为职业电竞俱乐部商业模式的核心优势是什么？为什么？

3. 你认为电子竞技可能有哪些跨界合作的方式？请列举 3～5 个，并说明这样跨界合作会给职业电竞俱乐部带来哪些发展机遇？

☞ **参考文献**

[1] 李宜朴，黄汉江. 中国电竞产业发展现状问题研究. 山东体育科技，2016，38（6）：35-39.

[2] 阳骏滢，黄海燕，张林. 中国电子竞技产业的现状、问题与发展对策. 首都体育学院学报，2014，26（3）：201-205.

[3] 王峰. 我国电子竞技商业模式思考. 体育文化导刊，2014，12（12）：90-93.

[4] 朱东普，黄亚玲. 我国职业电子竞技俱乐部发展探析. 体育文化导刊，2016，10（10）：109-114.

[5] 陈昭宇. 中韩两国电子竞技俱乐部管理对比研究. 贵州体育科技，2017（1）：13-16.

[6] 胡洋. 我国职业电子竞技俱乐部管理运营现状研究. 北京体育大学，2014.

[7] 王龙飞，金龙. 浅析我国体育俱乐部的类型及其发展现状. 安徽体育科技，2004（1）：58-60.

[8] 雷曦，夏思永. 对我国电子竞技体育产业发展现状及对策思考. 北京体育大学学报，2005，28（8）：33-35.

[9] 赵建强. 我国体育电子竞技产业发展研究. 企业经济，2006，11：93-95.

[10] Newzoo. 2018 年全球电竞市场预测报告. https://newzoo.com/insights/trend-reports/global-esports-market-report-2018-light，2018-03-18.

[11] 百度百科. 职业体育. https://baike.baidu.com/item/%E8%81%8C%E4%B8%9A%E4%BD%93%E8%82%B2/10174642？fr=aladdin，2018-03-10.

[12] 360 百科. 中国电子竞技俱乐部联盟. https://baike.so.com/doc/6725266-6939440.html，2018-03-10.

[13] 腾讯游戏. KPL 职业联盟成立　将打造全球最具影响力的电竞联盟. http://games.qq.com/a/20170324/026012.htm，2017-03-24.

[14] 搜狐网. 王思聪身家 60 亿投资了哪些公司？他还进军直播行业. http://www.sohu.com/a/144628946_379259，2017-05-20.

[15] 360 百科. WE 职业电子竞技俱乐部. https://baike.so.com/doc/5340126-5575569.html，2018-03-16.

[16] 360 百科. AgFox 电子竞技俱乐部. https://baike.so.com/doc/6951593-7173994.html，2018-03-14.

[17] 创业邦. 这支《王者荣耀》战队拿到近千万投资，成立 1 年盈亏平衡，95 后选手月薪 3 万，比白领高多了. http://www.cyzone.cn/a/20171024/316995.html，2017-10-24.

[18] 搜狐网. LPL 五周年，电竞俱乐部如何跟上变革步伐. https://www.sohu.com/a/225551071_482889，2018-03-14.

［19］搜狐网．2017《英雄联盟》全球总决赛在北京国家体育场"鸟巢"落下战幕．http://www.sohu.com/a/203018965_115832,2017-11-08.

［20］凤凰网．KPL 过半俱乐部盈利，LPL 可以学到什么．http://games.ifeng.com/a/20170719/44653251_0.shtml,2017-07-19.

［21］手游那点事．《王者荣耀》职业选手转会费高达千万元，是不是高了点．http://www.jiemian.com/article/1933609.html,2018-02-08.

［22］网易科技．中国成全球最大电竞市场，人才缺口达 26 万．http://tech.163.com/17/0704/07/COG0D4G000097U7R.html,2017-07-04.

［23］艾瑞咨询．游戏产品生命周期较短，打造长周期精品游戏成行业课题．http://report.iresearch.cn/content/2017/12/272357.shtml,2017-12-28.

［24］今日头条．腾讯和拳头拥抱传统体育，英雄联盟职业联赛 LPL 迎来改制．https://www.toutiao.com/a6415495455815598337,2017-05-02.

第8章 媒体主导下的电子竞技商业模式

媒体作为电子竞技产业链中极其重要的一环，是电子竞技行业的内容传播渠道，对电竞产业顺利发展起着举足轻重的作用。2004年以来，由于中国国家广电总局就电脑游戏节目颁发全国范围的禁令，电子竞技一直无法得到最大的主流媒体类型——电视媒体的宣传，导致了电子竞技的关注群体在国内长期属于小众群体。强势电视媒体的缺位直接滞缓了电竞产业的发展，但是，媒体形态发展到了今天，已具备了多样性和多元化，随着直播产业的出现及火热，极大地推动了电竞的普及与市场推广，中国电子竞技产业发展迎来了新的高峰期，目前中国电子竞技行业中的媒体职能也越来越丰富。本章将重点分析我国媒体主导下的电子竞技商业模式，研究其适用范围、可能的参与方式和未来的发展展望。

8.1 媒体在电子竞技产业中的作用和地位

一个产业的发展，需要两个环境：产业本身的硬环境和社会软环境。社会文化的认同和社会舆论的支持对产业顺利发展具有重要的意义，而媒体在其中就起着举足轻重的作用。尤其是对于电子竞技产业来说，其软环境一直都不甚理想，电子竞技在社会的关注度和认可度方面，在社会的文化需求层面长期处于不利的地位。在这种情况下，媒体的进入与发展对于电竞产业的发展愈加重要。

与电子竞技相关媒体主要包括网络在线视频媒体、国家数字电视台、游戏资讯网站、电子竞技垂直网站、平面媒体及综合门户网站等。从整个电竞产业来看，其上、中、下游产业链分别是游戏内容生产与运营、赛事运营和电竞周边生态。在该产业链中，媒体作为电竞内容的传播渠道，处于产业链的下游，通过转播、报道电子竞技赛事与游戏产品相关信息获取用户关注，以此获得相应的媒体价值去吸引广告主，并提供一些用户增值服务。根据艾瑞咨询发布的影响力数据来看，网络在线媒体的影响力居首，而平面媒体则主要通过组织线下活动，如牵头冠名比赛，获得IT赞助商的认可。目前中国电子竞技行业中的媒体职能越来越丰富，除了进行相关的媒体服务，也会进行比赛的主办和承办，参与到产业链中游——电竞赛事运营中。见图8.1。

媒体进入电竞产业，不仅有助于自身转型升级，对于电竞行业，也是宝贵的机遇。媒体的作用主要表现为以下三个方面：

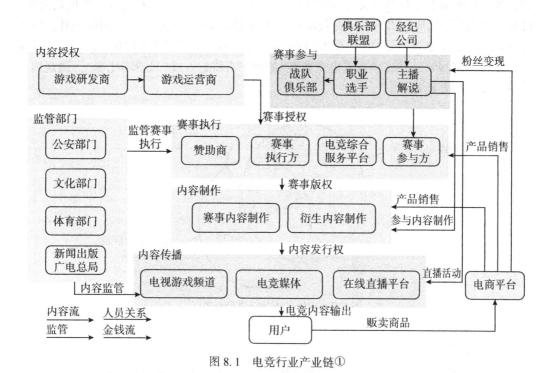

图 8.1　电竞行业产业链①

1. 媒体是产业信息的交流平台

大众对电子竞技的认知程度取决于媒体传播的广度和力度。当前中国社会对电子竞技普遍存在误解，主要源于大众对电子竞技的了解不足，大众在媒体平台上获得的有关电子竞技产业的信息相当匮乏。媒体进入电竞产业，将担负起搭建好这一平台的使命，使政府的声音、企业的需求、产品的动态和赛事报道在平台上有很好的出口，使社会大众从媒体窗口能充分了解到电子竞技产业的发展方向和前景。

2. 媒体是产业发展的催化剂

媒体的一个重要作用就是可以通过媒体的传播作用，提高产业的整体社会认知度。媒体声音的微弱会带来相关产业社会影响力的弱化。尤其是一个新兴产业的发展和崛起，除自身的原因外，与媒体全方位的传播是不可分割的。2004 年，中国国家广电总局就电脑游戏节目做出全国范围的禁令，禁止所有的国有电视台播出任何关于网络游戏类节目的通知，央视《电子竞技世界》和各大卫视的电子竞技节目正式停播，禁令使得电子竞技失去了当时最大的主流媒体类型——电视媒体的宣传。在中国电竞发展的黄金时间禁止了电视媒体的协助，中国电子竞技受到了极大的影响，热度减弱，这也导致电子竞技的关注群体在国内属于小众群体。强势电视媒体的缺位直接滞缓了电竞产业的发展，但是，媒体形态发展到了今天，已具备了多样性和多元化，直播产业的出现及火

---

① 艾瑞咨询.2018 年中国电竞行业研究报告.艾瑞咨询，2018.

热，极大地推动了电竞的普及与市场推广，中国电子竞技产业发展迎来了新的高峰期，目前，游戏直播已成为维护电子竞技用户群体的主要方式。根据艾瑞咨询的统计，中国的电竞用户主要分为"观看电竞赛事"（64.4%）、"参与电竞赛事"（10.7%）、"经常玩电竞游戏"（54.9%）三类，"观看电竞赛事"的用户有将近6成"只看不比赛"，围观用户群体庞大。见图8.2。

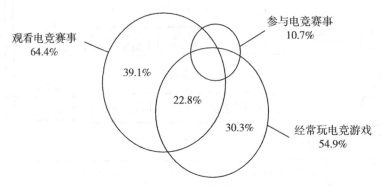

图 8.2　中国电子竞技用户分类①

3. 媒体是社会舆论的风向标

媒体对于社会舆论具有毋庸置疑的引领作用。媒体以传播的内容作用于受众的心灵和精神世界，再通过受众的力量影响社会的精神和文化层面，形成社会的主流舆论，进而对社会的价值判断、价值取向产生影响，推动社会的进步。正是媒体的这一作用，才使得媒体在产业链条中，尤其是新兴产业的链条中起着举足轻重的作用，承担着改善产业软环境的责任。

电子竞技产业想要获得更广阔的发展空间，就必须尽快得到社会大众的广泛认可，尽快融入社会主流文化，要想实现这一点，就必须充分发挥媒体的作用，尽可能多地在媒体上取得话语权。

8.2　传统媒体主导的商业模式

随着科技的进步和互联网的普及，在新的技术支撑体系下媒体也逐渐衍生出了新形态。相对于报刊、户外、广播、电视四大传统意义上的媒体，数字杂志、数字报纸、数字广播、移动电视、网络等新媒体被称为"第五媒体"或"新兴媒体"。根据主导的媒体类型、目的导向不同，由媒体主导的电子竞技商业模式可以进一步细分为两类：由传统媒体主导的商业模式和由新兴媒体主导的商业模式。在本节中，将重点研究由传统媒体主导的商业模式，介绍传统媒体在电竞产业中的发展、传统媒体主导模式的运行条件及其商业模式分析。

---

①　钟奇 . 电子竞技：专业娱乐，大有作为. 海通证券，2016.

8.2.1　传统媒体参与电子竞技传播的发展历程

我国电子竞技视频传播起源于 20 世纪 90 年代的电视节目。在网络基础设施尚未开始全面布局的大背景下，电视节目是游戏迷以视频形式观看电竞信息的主要渠道。1994 年，香港的卫视中文台开播电视节目《电玩大观园》，开创了我国电子竞技电视节目的先河。2001 年内地的 18 个地区电视台播出《电玩 GOGOGO》，随后内地还诞生了东方卫视的《游点疯狂》《游戏东西》等节目。

2003 年，电竞媒体传播迎来了重要的节点，4 月 4 日，中央电视台体育频道开播名为《电子竞技世界》的栏目，创造性地赋予电子竞技和其他传统竞技体育项目相同的地位。作为具有绝对权威的中央电视台，该节目的播出，在一定程度上改变了电子竞技在人们心中的形象，推动了电竞运动积极、健康发展，促进了中国电子竞技产业的成长，更多优秀的电视节目随之诞生。

2004 年 4 月 12 日原国家广播电影电视总局(现合并为国家新闻出版广电总局)发布文件《关于禁止播出电脑网络游戏类节目的通知》(以下简称《通知》)。电子竞技电视节目播出市场随即进入寒冬。

《通知》不仅规定各级广播电视播出机构不能开办电脑游戏类栏目而且明确指出："要在相应的节目中宣传电脑网络游戏可能给未成年人健康成长带来的负面影响，积极引导他们正确利用电脑网络的有益功能，正确对待电脑网络游戏。"《通知》并没有对电脑游戏进行概念界定，也没有对电子竞技与普通游戏进行区分，各级广电机关均将"电脑游戏"默认为所有游戏，对节目进行的是无差别封禁，一时电视上的电竞节目被大范围封停。最终，在广电系统中，仅有上海文广新闻传媒集团的《游戏风云》和存在于京沪等发达地区的付费数字频道得以存活。

近年来，由于政策开闸和媒体舆论的包容性提高，以及游戏产业的不断进步，传统媒体也陆续涉足游戏产业，例如 2009 年，《杭州日报》与网页游戏公司合作；2012 年，黑龙江电视台也进军网页游戏等。多年来传统媒体与游戏产业的合作虽然加深，但对于电竞产业来说，传统媒体更多的时候仍然是一个旁观者。

8.2.2　传统媒体主导的电子竞技商业模式运行条件

传统媒体发展电子竞技产业的方式主要通过传统媒体广泛的影响力和强大的内容生产力去实现，因此所需要的运行条件如下：

1. 主导方

该模式下，主导方主要包括报刊、广播台、电视台等媒体平台。其工作主要以电竞赛事转播报道为基础，以电竞内容制作为中心，打造专业电竞媒体栏目。除传播电竞赛事内容外，还参与电竞赛事的举办与运营。

2. 合作方

该模式下，合作方包括政府部门、游戏生产厂商、电竞行业协会、电竞赛事运营商、职业俱乐部、选手、解说员、观众等多方力量。

3. 资金来源和运作标准

该模式所需资金主要来源于广告营销收入和赛事举办收入。运作标准主要是基于国家广电总局制定的各项规定办法，以及行业相关企业、协会制定的指导意见。

4. 参与形式

该模式下，主导方的参与方式主要从内容制作、传播和主办赛事两方面入手。

在内容的制作与传播层面：

（1）电子竞技赛事转播；

（2）电子竞技节目制作；

（3）电子竞技赛事报道与分析；

（4）电子竞技赛事数据挖掘与分析。

在赛事主办层面：

（1）独立举办非职业电竞赛事；

（2）积极参与共同举办职业电竞赛事。提高行业投资者、从业者的信心，为电竞产业发展带来平台优势。

8.2.3　传统媒体主导的电子竞技商业模式分析

传统媒体主导的电竞商业模式见图8.3。

重要合作	关键业务	价值主张	客户关系	客户细分
与电竞行业协会等合作举办赛事；与电竞赛事举办方合作转播；与游戏生产商、电竞赛事运营商、俱乐部、业内影业等合作制作电竞纪录片、赛事内容与数据分析等	电竞节目制作与转播 电竞赛事举办 电竞赛事数据深度统计与分析 **核心资源** 传统媒体独特的权威性，传播影响力巨大，内容原创能力强大	通过对电竞赛事的传播，引导社会大众对电子竞技形成正确的认知，促进行业健康发展。通过参与电竞行业的传播与赛事运营最终实现传统媒体多元化转型	频道点播 内容订阅 合作举办赛事 **渠道通路** 电视播出平台 报纸、杂志平台 广播平台	面向社会大众，聚焦电子竞技精英、专业选手及感兴趣的观众

成本结构	收入来源
转播权购买，赛事举办成本，内容制作成本	赛事举办收入(赞助费+门票收入+转播权等)，广告收入，频道付费收入，电竞原创内容售卖收入

图8.3　传统媒体主导下的商业模式画布图

由于广电总局的禁令，传统媒体在进入电竞产业时无法自由发展，目前的商业模式限于以下三种：

1. 电视播出平台：点播付费与广告营销

电子竞技电视节目虽然遭到大规模封禁，但仍有《游戏风云》和部分付费数字频道得以存活。艾瑞的用户调研显示，有多达42.2%的用户会通过游戏风云等电视频道观看赛事，艾瑞分析认为，尽管此前电竞在电视平台上颇受限制，但电视平台由于其大屏幕观赏性和节目制作的专业性受到用户喜爱，电竞内容在电视平台上的收视潜力巨大，对广告商具有较大的吸引力，未来电视节目的主要收入来源仍然是广告营销收入。

电子竞技电视节目，分销的是细分市场的原创内容，《游戏风云》等节目同时还是电影登陆电视平台最首要的渠道。随着电子竞技行业的飞速发展，观看电子竞技电视节目的观众将会有一个飞跃性的增长，未来付费频道或会形成用户增加—稳定收入增加—可获取的优质版权增加—用户增加这一良性循环，点播付费也将成为一项稳定的收入来源。见图8.4。

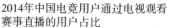

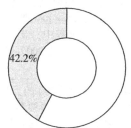

2014年中国电竞用户通过电视观看赛事直播的用户占比

电视播放将辐射到更庞大的用户群体

图8.4 中国电竞用户通过电视观看赛事直播的用户占比①

2. 报纸、杂志、广播平台：电竞赛事内容与数据分析

当今的传统媒体想要跟上整个电竞产业的发展速度，需要不断向体育类报道学习，将更多专业优质的内容提供给广大的电竞爱好者。传统媒体可以充分发挥其强大的内容生产力优势，围绕电竞赛事进行内容制作，深入报道赛事人物、赛事热点、赛事内容、业界观点，并对电竞赛事数据进行深度统计与分析，做专业的电竞赛事服务提供方。通过出售制作内容可以获得稳定的收入来源，也能吸引到游戏厂商、电竞赛事举办方的宣传广告收入。

3. 参与电竞赛事的运营

当前，电竞行业进入快速发展期，电竞赛事频出，主办方日趋多元化，涌现出许多新的电竞赛事类型，主办方除了较为成熟的游戏运营商，政府、游戏媒体和俱乐部联盟等新兴力量也开始举办电竞赛事，共享利润。游戏厂商主导模式存在缺陷，厂商赞助的电竞赛事只推自家的游戏，短期内利益明确、效果直接，仍然带有浓厚商业性质，难以让电竞形成良性发展和电竞文化氛围。政府、行业协会也很难充当电竞赛事主角，当前

---

① 艾瑞咨询.2016年中国电子竞技及游戏直播行业研究报告.艾瑞咨询，2016.

政府更多采取观望态度，而协会主导的赛事，面临人力及资金来源的难题。传统媒体具有丰富的资源、良好的平台和巨大的影响力，以媒体为主导的赛事（比如全国电子竞技电视联赛、NEOTV 明星联赛等），有望成为比较稳定长远的发展路径。

媒体参与到赛事运营中，变现模式呈现多元化。电竞赛事环节的盈利模式主要有比赛现场变现和网络观看变现两大类。在比赛现场，可通过售卖比赛门票和游戏周边的附加产品盈利；在网络上观看比赛，凭借出售虚拟门票、奖励游戏装备和特权吸引观众持续充值，依靠页面广告及视频广告完成内容变现，通过电竞赛事过程中的投注竞猜、零广告植入和高清画质的会员订阅服务、赛事转播权实现流量和内容的变现。电竞赛事运营通过多种模式，最大程度激活观众和用户消费，实现盈利。见表 8.1。

表 8.1　　　　　　　　　　　　　　　电竞赛事运营收入来源①

收入来源	具体解析	案例
虚拟门票	赛事运营方向观众售卖虚拟门票，一般包括： 入场券：网上观看比赛的凭证； 虚拟物品：虚拟的游戏装备； 竞赛机会：参与游戏竞猜，获得更好的游戏装备。	Valve 举办的 DOTA2 世界邀请赛 TI 系列赛事，采用售卖虚拟门票运营手段，TI4 在为期 14 天的比赛中，获得 4 000 万美元的收入，净利润高达 2 000 万美元。
游戏周边	在比赛现场向电竞爱好者售卖游戏人物的手办、玩偶等周边附加产品。	2015 年《完美世界》的大型赛事辉夜杯，比赛当天，在上海梅德赛斯-奔驰文化中心比赛现场，十几分钟内售罄每只标价为 4 000 元的游戏手办 1 500 只。
广告	通过赛事广告和版权收费。电竞赛事主要以网络广告为主，附带一些其他的广告媒介形式有报纸、杂志、包装与户外。电子竞技俱乐部冠名和赞助、知名的个人或团体代言、游戏视频广告等。	《英雄联盟》2017 全球总决赛官方合作伙伴名单有：梅赛德斯-奔驰为全球总决赛中国区首席合作伙伴；伊利谷粒多、欧莱雅男士为全球总决赛中国区特约合作伙伴；罗技与英特尔为全球总决赛中国区官方合作伙伴。
游戏发行	电竞赛事流量庞大，多为精准的目标用户，重度游戏玩家居多，赛事运营方可以通过赛事渠道或电竞明星宣传，向观众推送新款游戏。游戏发行成为互联网最主要的流量变现方式之一。	Valve 通过 DOTA2 赛事，成功带动海量 DOTA1 玩家逐步转向 DOTA2，TI3、TI4 两次世界级大赛，都将 DOTA2 用户时长占比推向一个高峰。
赞助	电竞赛事中，从饮用水、运动服装，到耳机、鼠标、内存设备，再到芯片、整机，都会涉及厂商赞助，这是企业宣传的高质量渠道，赞助商至今为止仍是电子竞技赛事极为重要的收入来源。	Samsung 曾是全球最大的电子竞技比赛 WCG 的主要赞助商。 天猫电器城独家冠名赞助 IET2015 义乌国际电子竞技大赛。

———————————

　① 钟奇. 电子竞技：专业娱乐，大有作为. 海通证券，2016.

8.2.4 传统媒体多元化发展的范例：浙报传媒

浙报传媒是中国第一家媒体经营性资产整体上市的报业集团，近年来通过投资并购等形式积极向互联网新型传媒集团转型，探索"新闻+服务"的新商业模式，构建新闻传媒、智慧服务、数字娱乐和文化产业投资"3+1平台"的大传媒格局。

在2012—2013年，作为传统媒体的代表，浙报传媒集团开始布局电子竞技，公司积极推进赛事运营和平台搭建业务，已经完成了对边锋游戏、浩方对战平台的并购，成为跨互动娱乐、电子竞技、影视动漫等领域的综合性数字娱乐平台。公司于2013年4月完成对边锋游戏的并购，边锋旗下拥有游戏直播明星平台战旗TV，是游戏直播领域排名前3的平台，涵盖DOTA2、《英雄联盟》《三国杀》等游戏直播内容。作为平台运营商和电竞运动的大力推动者，浙报传媒还将整合边锋、浩方、起凡、体育总局和奥委会旗下"华奥星空"等处的电子竞技资源，恢复举办全国电子竞技大赛，同时公司承办了2014全国电子竞技大赛（NEST），并主办了2014浙江省电子竞技大赛（ZEG）。后又敲定增资入股华奥星空，持有36%的股权。

从浙报传媒2012—2016年的净利润持续增长中，可以看到浙报传媒在电竞领域的投入也获得了利润回报。公司未来的发展也十分有看点：影视+游戏联动的互娱业务、电竞为核心的直播平台和线下赛事运营等新业务布局，有望成为公司未来重要的利润增长点。依托公司旗下边锋、浩方电竞平台现有用户、产品优势有望完成电竞娱乐生态链的搭建。并且，公司同时拥有电竞赛事举办经验和直播平台产品，未来电竞赛事的线上线下协同度高，有望打造完整的电竞赛事直播产业链。见图8.5。

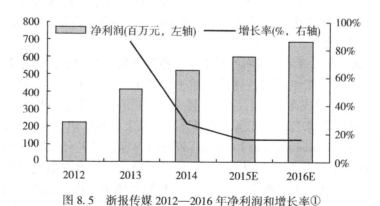

图 8.5 浙报传媒 2012—2016 年净利润和增长率①

8.3 电子竞技网络直播平台商业模式分析

与传统媒体相对的是新兴媒体，新兴媒体在推动电子竞技行业发展上起着重要的作

---

① 钟奇. 电子竞技：专业娱乐，大有作为. 海通证券，2016.

用。自 2005 年起，一大批视频分享网站如土豆、优酷等相继诞生，电子竞技媒体传播进入了网络化阶段，各大视频网站上纷纷增设游戏频道，NeoTV 等电竞视频网站也诞生了。这些新兴媒体的出现一定程度上弥补了电视封停带来的信息渠道缺失，但该模式仍无法让电竞媒体行业迅速发展。

直至 2012 年，电子竞技网络直播平台在我国兴起，在直播平台的推助下，电竞媒体传播才进入了繁荣大发展时代。现在，网络直播已经成为每位电竞爱好者获取信息的重要渠道，网络直播市场也成为风口。本节将重点研究电子竞技网络直播平台的商业模式，介绍电子竞技网络直播平台的发展与现状、该模式的运行条件及其商业模式分析。

8.3.1　电子竞技网络直播平台的发展与现状

电子竞技网络直播是一种以电子竞技运动过程及其相关内容为播出对象，以互联网为传播渠道，随进程在现场同步制作和发布，具有强互动性的多媒体传播方式。具体可以将其分类为赛事直播、游戏节目直播和个人直播三种。[①] 电竞赛事直播的播出方通常是电子竞技网络直播平台，直播内容是各个级别的电竞比赛。游戏节目直播是对专业制作的、与游戏相关的节目进行在线直播，其节目形式通常为脱口秀或者现场互动游戏，与娱乐圈、体育圈的综艺节目有异曲同工之妙。个人直播即以主播为主导的直播类型，总体上来说分为两种：明星直播和草根直播。

电子竞技直播平台是通过评论、弹幕等与用户实时交互，以电竞游戏直播内容为主的直播平台。电子竞技直播平台最早出现在美国。2009 年至 2011 年，电子竞技网络直播平台 Own3d、Twitch 在美国相继诞生，拉开了世界电竞视频网络直播的序幕。2014年 8 月 25 日，亚马逊宣布 9.7 亿美元收购 Twitch。国外电子竞技网络直播平台的火热发展，促使国内众多企业也意识到了网络直播平台巨大的影响力和市场需求，纷纷成立电子竞技网络直播平台。

自 2012 年起，我国视频直播网站经历了一系列爆发式的增长，直播平台如雨后春笋般地出现。我国第一个电子竞技网络直播平台是 YY 直播（成立于 2012 年，2014 年11 月其游戏板块独立成虎牙直播）。YY 直播来自 YY 语音，本是一款游戏沟通的即时通信软件，随后游戏玩家自发地在这个语音通讯工具上进行歌唱、脱口秀等内容表演，促使它成为传播 UGC(user generated content) 视频的内容直播平台。2014 年元旦，弹幕视频网站 AcFun 旗下的直播网站"生放送"改名斗鱼 TV，展开其在电竞网络直播行业的发展史。当月，浙报传媒的战旗 TV 上线，成为传统媒体多元化发展的范例。同年，腾讯的赛事平台 TGA 也推出了"随星播"插件，开始支持电子竞技的个人直播。2015 年 10月 20 日，由王思聪投资的熊猫 TV 正式开启公测。

国内电子竞技网络直播的诞生与快速发展，从时代背景上看，与国家战略推动下网络基础设施的完善有着密切关系；从需求层面上看，多方需求促使游戏直播市场成为风口。市场需求方面，电子竞技市场成为风口，整体产业中有许多环节并未形成垄断状态，另外，电子竞技整体产业也需要可持续发展的路线，游戏直播作为很好的用户维护、影响力

---

① 石振振. 我国电子竞技网络直播的现状及其发展策略研究. 郑州：郑州大学学位论文，2015.

推广的下游产业应运而生。企业需求方面，在整体的电子竞技产业爆发热潮中，网络游戏巨头企业在游戏产品市场规模达到峰值并且增速放缓的状态下，亟待突破现有格局，切入电竞市场，布局新的产业领域。对于传统企业来说，互联网化自身相比于网络巨头、资本市场就是较为薄弱的，将目光放在游戏直播市场快速切入热门风口，也是互联网化的一项举措。用户需求方面，一方面是由于电竞产业化引起的受众数量大增，随着生活水平的提高，用户越来越注重娱乐休闲文化生活。随着网络游戏共同成长的 80 后、90 后已经成长为社会的中坚力量，在处理碎片化时间的时候，游戏游艺则是普遍选择。对于关注的领域，用户通常会希望找到能持续关注该领域的途径，游戏直播满足了用户即使无法进行游戏体验但仍可以持续关注的需求。另一方面，电视渠道节目的缺失和以往电竞视频播出方式的不足导致了电竞玩家对电子竞技网络直播平台的偏好。

经历了爆发式的增长和白热化的竞争，当前我国直播平台的发展现状呈现以下几个特点：

1. 行业爆发迅猛集中，市场格局渐趋稳定，移动游戏直播平台登场

电竞游戏行业的高速发展提供了大量优质直播内容，直接驱动了电竞游戏直播市场的高速发展。电竞游戏直播平台在 2014 年迎来了行业集中爆发期，腾讯、红杉、软银等资本纷纷入场布局游戏直播，国内涌现了 LOL 电视台、虎牙直播、斗鱼 TV、战旗 TV 等多个游戏直播平台，直播行业首次大范围进入公众视野。在受众数量方面，可从艾瑞咨询的《2016 年中国电子竞技及游戏直播行业研究报告》中看到，中国游戏直播用户规模从 2014 年的 0.3 亿人，到 2015 年的 0.5 亿人，至 2018 年更是有望达到 1.8 亿人（如图 8.6）。

随着行业竞争日益白热化，平台之间的竞争也愈加激烈。另一方面，行业也出现了细分：移动电竞直播平台开始出现在市场上。手游市场的迅速扩张催生了用户对移动游戏直播的强烈需求，然而传统游戏直播平台的移动游戏直播体验欠佳，平台资源投入较少。用户没有被满足的移动游戏直播需求催生出大量专注于移动游戏的直播平台，它们将在观看体验以及内容安排上提供用户更好的选择。

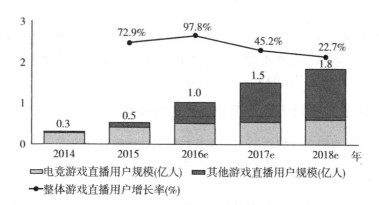

图 8.6　2014—2018 年中国游戏直播用户规模①

---

①　艾瑞咨询. 2016 年中国电子竞技及游戏直播行业研究报告. 艾瑞咨询，2016.

2. 游戏直播市场运营优势明显，市场竞争呈梯队化

目前整体的游戏直播市场格局化明显，用户主要聚集在第一梯队以及第二梯队，占据整体市场一半以上的份额。相比于其他产业来说，整体游戏直播平台用户粘性方面具有很大的优势。游戏直播平台整体的用户留存率较高，也具有一定强力的变现能力，契合网络巨头布局以及资本市场的迫切需求。见图 8.7。

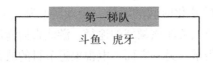

图 8.7　直播市场竞争梯队①

3. 游戏直播平台竞争进入尾声，内容成为关键因素

游戏直播平台竞争进入尾声，传统的游戏直播为内容的平台面临转型，综合的直播内容、多元化的泛娱乐融合方式，成为未来游戏直播平台的生存之道，内容精品成为竞争的关键因素。首先，在内容上除了传统的游戏实时直播、游戏赛事转播、游戏视频直播等内容，横向拓宽到其他影视、综艺、医疗、教育等多面化直播内容，使用户在单平台能获取多领域兴趣是未来内容直播上的重要竞争，内容多元化吸引不同领域用户融合。其次是主播内容的多样化。传统的游戏直播主播仅仅单一地针对游戏用户，进而打造成小众的游戏明星。我国游戏直播平台竞争已经进入尾声，单纯的靠游戏主播已经无法满足未来的发展。未来在主播内容上更应该横向发展多维度的属性角色，如明星、教师、厨师等各行各业领域的属性角色参与进来。

4. 泛娱乐化成为未来发展方向

巨大的受众基础以及平台自身内容建设，使电竞游戏外越来越多的娱乐内容登陆直播平台。一切皆可娱乐，泛娱乐化成为直播平台的一种选择。"直播+综艺""直播+教育"等成为直播内容中泛娱乐的未来发展趋势。

8.3.2　电子竞技网络直播平台模式运行条件

电子竞技网络直播平台模式下，直播平台利用其核心直播技术、平台知名度和明星主播资源形成独特竞争优势，所需要的运行条件如下：

1. 主导方

该模式下，主导方是电子竞技网络直播平台。其工作主要是打造更好的直播平台，为游戏主播提供最好的直播环境，为观众(用户)提供最好的游戏直播体验。除进行游

①　易观咨询. 2017 中国电子竞技产业年度综合分析. 易观咨询，2017.

戏直播外，还进行秀场直播等泛娱乐直播，举办线下活动，参与赛事运营。

2. 合作方

该模式下，合作方包括政府部门、游戏生产厂商、电竞行业协会、电竞赛事运营商、职业俱乐部、选手、解说员、主播、观众等多方力量。

3. 资金来源和运作标准

该模式所需资金主要来源于观众打赏收入、广告营销收入、电子商务收入、赛事竞猜收入和游戏联运收入。运作标准主要是基于国家广电总局制定的各项规定办法，以及行业相关企业、协会制定的指导意见。

4. 参与形式

该模式下，主导方的参与方式主要从线上直播和线下活动两方面入手。

在线上直播层面：

(1)电子竞技赛事直播；

(2)游戏直播；

(3)个人直播；

(4)泛娱乐多元化直播。

在线下活动层面：

(1)举办非职业电竞赛事；

(2)举办线下见面会。

8.3.3　电子竞技网络直播平台商业模式分析

电子竞技网络直播平台的盈利模式目前是比较清晰的，其商业模式画布图如图 8.8 所示。

重要合作	关键业务	价值主张	客户关系	客户细分
暴雪等游戏开发厂商 腾讯、网易等游戏运营厂商 电竞俱乐部 职业电竞明星 知名草根主播	游戏直播 电竞赛事直播 泛娱乐直播 新功能开发 主播培养 **核心资源** 知名的网络平台 巨大的流量 明星主播	为游戏运营商等提供游戏宣传，为游戏主播提供最好的直播环境，为观众(用户)提供最好的游戏直播体验	打赏 弹幕互动 直播互动 付费 VIP 主播签约制度 **渠道通路** APP 网站	面向年轻的消费群体，感兴趣的普通公众以及草根主播
成本结构 转播权购买，赛事举办成本，内容制作成本，网络储存设备成本，平台开发成本，签约主播等人力成本			**收入来源** 虚拟道具收入，电子商务收入，广告收入，赛事竞猜收入，游戏联运收入，赛事举办收入(赞助费+门票收入+转播权等)，会员付费收入	

图 8.8　国内主管部门主导的体育竞技产业模式画布图

1. 当前商业模式探讨

现阶段，纵观我国诸多电子竞技网络直播平台，其主要的经营盈利模式主要包含以下五种途径：

（1）增值服务

电子竞技网络直播平台的增值服务以出售虚拟道具、打赏为主，在电竞游戏直播平台上，用户可以通过购买虚拟道具对主播进行"打赏"，出售虚拟道具变现的收入由直播平台和主播按事先约定分成。以熊猫直播为例，用户可以使用"竹子"和"猫币"两种虚拟货币购买虚拟道具赠送给主播。其中，"竹子"可以通过在平台上做任务获得，每日首次充值可获得 5 000 根"竹子"，在一个直播间累计观看 10 分钟可获得 15 根竹子。"猫币"则需要用现实货币购买，1 元人民币可兑换 10"猫币"。这些虚拟道具中最便宜的是只需要 100"猫币"的"竹子"，最贵的"佛跳墙"需要 9 999"猫币"，即 999.9 元。为了鼓励用户消费，平台普遍给购买了高价虚拟道具的用户提供全站通告、彩色特效等服务，充分满足用户的炫耀心理。平台还设立了排行榜，通常有周榜和总榜，分别统计每周和总计购买虚拟道具最多的用户，意图刺激用户之间互相攀比，以售出更多的虚拟道具。

顶尖的主播一周虚拟道具的收入目前已突破 200 万元。出售虚拟道具的收入由平台和主播，有时还有经纪公司或主播公会分成，最终平台的实际收入大约是虚拟道具售价的 50%。

相比起欧美电子竞技网络直播平台以付费订阅为主的商业模式，观众打赏这种商业模式是我国创新的独特的商业模式，也是目前我国电子竞技网络直播行业主要的商业模式。

（2）电子商务

电子商务是"网红经济"的重要表现。主播在直播页面中展示店铺链接，并于直播中进行宣传，通过粉丝的支持来增加网店的销售额，获得效益。该种类型网店的营业额主要依托主播人气和粉丝数量，但要想走得长远，产品质量也要有保障。游戏主播的网店一般经营衣服、零食、电脑外设等产品，有的还提供游戏代练、拜师收徒等服务，网店的收入全部归主播个人所有。这种"网红效应"带来的对消费的刺激程度堪比影视明星。大多数粉丝的购买行为都源于对自己支持的主播的热爱。

（3）广告营销

电竞游戏直播平台用户以各种游戏玩家为主，这一特点使得平台可以为广告商提供精准的受众群体。目前，平台广告最常见的有三类。第一种是页面广告，即一直出现在界面上的广告。这类广告形式和传统的网页广告类似，以网页游戏为主。第二种是宣传通告，为企业提供直播宣传。这类广告商通常是大型游戏厂商，以客户端和移动端游戏为主，在新游戏、新资料片宣传发行期间，或是游戏展、动漫节时，会与平台合作推出直播节目。第三种是与直播内容相融合的广告营销，形式上更接近于软广告。实际上，主播在节目中展示游戏这一行为本身就具有广告效应。

利用电竞游戏直播平台进行广告营销这一商业模式已经非常成熟，尤其是大型游戏厂商，通常会同时在十几个直播平台同步宣传。但是各大平台的广告不能局限于电竞游戏广告领域，可以根据电子竞技网络直播平台用户画像，开拓更多的广告领域。

(4) 开展赛事竞猜

直播平台的赛事竞猜是专门为观看竞技比赛直播的用户开发的竞猜玩法。用户在观看喜爱的战队、选手比赛的同时，可以开启竞猜；根据自己对双方选手的了解，也可以参与别人开启的竞猜，边观看直播边玩，还可以赚取虚拟币为喜爱的战队或选手送出道具。

以 YY 直播为例，在 YY 游戏直播的有奖竞猜中，竞猜的虚拟筹码是白豌豆。白豌豆可以通过做任务、充值等方式获得。主播发起竞猜后，观众有两种开启模式：一种是"开猜"，即自己坐庄，赔率由自己设定，前提是必须有观众在自己的庄里押注；另一种是"种豆"，即在别人的庄里进行押注，如果押注获胜，YY 会收取 5% 的税收，其余为个人所得。每一局比赛结束之后主播会进行结账，豆子可兑换成人民币。赛事竞猜的出现，成为游戏直播平台的又一大新型盈利模式。直播平台作为最大庄家，本身只会稳赚不赔。目前来看，这种模式带来的经济收益也比较乐观。未来也许可以将电竞比赛包装成为体育彩票这样的形式，而电子竞技网络直播平台将会成为主要的投注渠道。

(5) 游戏联合运营

游戏联合运营，是指直播平台和游戏厂商进行游戏联运，在观看游戏直播的同时可以点击进入联运游戏。游戏直播平台最重要的变现渠道是游戏联运，如游戏风云网站在 2012 年实现游戏联运收入 5 000 万元，YY 直播平台在 2015 年第 2 季度，实现游戏收入 3.2 亿元。拥有大量垂直用户的直播平台掌握着优质玩家资源，游戏厂商可以通过直播平台精准获取他们的消费者，未来直播平台和游戏厂商的合作将会更加深化，取得共赢。

2. 未来商业模式展望

电竞游戏直播平台也面临着同质化竞争严重的窘境。以出售虚拟道具和广告为主要收入来源的直播平台要应付随之而来的巨额签约费和网站运营费用，要想杀出红海，获得可持续发展，直播平台需要不断拓展新的商业模式，获得新的竞争优势。未来直播平台可能发展的商业模式有以下几种：

(1) 付费会员制度

付费会员制度主要有付费观看和付费订阅两种模式。韩国最大的直播平台 Afreeca TV 和美国最大的直播平台 Twitch 都有付费会员功能，用户付费后可以享受无广告、专属徽章、个性化表情，以及进入限流的直播间等服务。和国内电竞游戏直播平台的主流商业模式不同，大多数国外直播平台的收入主要来源于付费订阅和网站广告。国内部分平台虽然也有付费会员服务，但是会员特权以身份特效、徽章、虚拟道具专属折扣为主。例如，斗鱼直播的付费会员被称为"斗鱼贵族"，按每月收费不同分为骑士、子爵、伯爵、公爵、国王、皇帝 6 种会员类型，享有加速升级、贵族勋章、定制火箭、防禁言等服务。目前，大多数国内平台采用的机制是只要用户注册成为会员，无论付费与否，都可以观看高清画面。不同于这种机制，Afreeca TV 等平台对直播间采用限制观众人数的措施，当一个直播间人数到达限定值后，免费会员将无法进入直播间，只有付费会员才能入内观看。也就是说，在人流高峰期，平台只需要为愿意付费的用户增开带宽，不需要为免费用户增加平台维护成本。限流机制无疑可以节省网站运营费用，并且在各大视频网站纷纷采用付费会员制度的现在，用户逐渐养成了内容消费的习惯。对电竞游戏直播平台用户的调查显示，38%的用户愿意为游戏直播内容付费，其中59%的用户愿意为了更高清的画面付费，证明了付费会员制度在国内具有可行性。

除此之外，电竞游戏直播平台也可以对一些高收视率的独家直播节目实行内容收费模式。比如，一些本平台独家播出的重大电子竞技赛事，可以采取付费订阅或购买在线门票后才能进入直播间观看的模式。

（2）直营电商

利用主播效应将流量从电竞平台引流到电商平台，平台可从中提成增收。除平台签约工资和虚拟道具分成以外，自营或代言电商也是电竞游戏主播的一大收入来源。主播通常会在自己的直播界面和直播内容中打广告，进行二次商业开发，将直播间的流量变现，出售的商品以零食、电子产品和服装为主。由于主播的偶像效应，粉丝为了支持偶像或是信任主播的推荐，为电商带来了不小的客流量，但是电竞直播平台在这场"粉丝经济"中并没有收益。

为了改变平台只是电商流量入口的现状，电竞直播平台可以成立独立的电商平台，发展粉丝经济。平台直营电商的优势在于观众在购物的同时不需要离开直播界面，可以一边看直播一边购物。平台也可以效仿网红经纪公司开发供货、发货一条龙的服务，以一个平台为单位统一采购商品和物流，成本远低于各主播单独经营，在价格方面更有优势。对于主播来说，不用自己装修网店、寻找货源、打包发货，只要在直播中宣传营销，避免了部分风险。目前，国内已有个别平台开始了对"平台+电商"的新模式的探索。例如，"一直播"于2017年1月开放了直播室购物车功能，使得用户可以在看直播的同时购买主播推荐的产品，还与传统的电商导流平台微博达成了直播战略合作伙伴关系。

（3）举办非职业电竞赛事

当前我国的电竞赛事分为两种，一种由游戏开发商或运营商举办，一种由游戏开发商和运营商之外的其他组织举办。虽然前者更有权威性，观众人数更多，但后者也有不小的受众群体，有时主播与"水友"（主播对活跃观众的称呼）之间的娱乐赛也会给直播间带来一阵流量高峰。电子竞技网络直播平台，例如斗鱼TV，利用自身用户中电竞玩家众多、知名主播关注度高、平台气氛娱乐性强的特点举办非职业赛事，从中获得门票、赛事竞猜、周边产品和广告赞助等收入。

电子竞技媒体主办的赛事，其优势在于可凭借强大的媒介资源加强赛事推广力度，扩大规模，吸引更多观众。比如Vlog TV主办的V联赛，是国内第一个第三方全国性大型移动电竞联赛。该赛事联合主办方还有游戏多、NEOTV、NiceTV，并由斗鱼TV、龙珠直播、熊猫TV等多家直播平台协办，利用平台资源大力推广。比赛项目更关注移动电竞，涵盖MOBA、FPS、休闲、卡牌等超人气的竞技手游。而Imba TV制作和播出的i联赛是国内首个众筹模式的DOTA2电竞联赛。首届i联赛以1 692 620元人民币的众筹金额，超出预期的69.26%，创下中国游戏领域的众筹记录。第二届i联赛以6 129人支持的1 002 922元金额顺利完成众筹，2015年第三届i联赛以1 855人支持的2 062 100元完成众筹，成为众筹电竞赛事的代表案例。

（4）拍摄网络自制剧

当前，网络自制剧因表达形式多样、题材丰富已经成为娱乐文化的新旗帜，是视频网站的重要攻坚地。北京乐漾影视传媒有限公司于 2016 年出品的《太子妃升职记》达到了 27 亿次总播放量，其引流能力之强有目共睹。

电子竞技网络直播行业进军网络自制剧行业有着天生的优势。其宽带基础和成熟的网络视频直播技术能保证播出的质量；平台的明星主播若兼职演员的话不仅成本低，且对受众的吸引力大。进军网络自制剧对电竞网络直播行业的好处也是多方面的，不仅可以进一步吸引用户，获得在剧中植入广告、在播放中插入广告这两种广告途径，还可以为品牌拍摄定制电视剧，向电视媒体出售播放权。此外，长期的内容创作可以进一步强化品牌效应，有效地提高受众的黏性，解决受众流动性大的问题。

8.3.4 电子竞技网络直播平台案例介绍

1. 虎牙直播：稳定的现金流，良性的盈利模式

YY 直播在 2015 年 11 月 24 日正式更名"虎牙直播"，成为欢聚时代互动娱乐的重要事业部门。前身 YY 游戏直播是国内较早的游戏直播平台，也是运营最成功的游戏直播平台之一。在内部布局上，除核心业务游戏直播外，虎牙直播还引入美食、秀场、演唱会、体育等诸多热门直播类型，为用户提供丰富有趣的新潮元素。而在外部，虎牙联合厂商与媒体提升用户使用体验。虎牙直播拥有大量知名游戏主播，主播收入来自观众礼物，激励模式明晰。2015 年 YY 斥资 7 亿元发展虎牙，直接使 2015 年 Q2 虎牙直播收入一跃攀升至 8 500 万元，较一季度增长 54.5%。发展速度较快。

2. 斗鱼 TV：迅速扩张，跨界合作

斗鱼 TV 是一家隶属于武汉斗鱼网络科技有限公司的以游戏直播为主的弹幕式视频直播分享网站，其前身为 ACFUN 生放送直播，2014 年正式更名为斗鱼 TV，以"分享直播，更多快乐"为使命，致力于做全球最大的直播平台。成立之初，斗鱼 TV 就积极赞助、签约国内顶级电竞俱乐部 OMG，WE，IG 等，仅仅 5 个月后就达到了单日同时提供直播的主播数量超过 1 000 人的成就，成为当时国内最活跃的游戏直播平台，积累了大量人气，拥有庞大的观众基础。斗鱼 TV 共获得了红杉两轮累计 1.4 亿元左右的投资。斗鱼 TV 在"alexa 世界排名"和"alexa 中文排名"分别是第 553 名、第 90 名，日均浏览量高达 3 840 万次，均在中国游戏直播平台中位居第一，是我国具有代表性的游戏平台之一。

斗鱼 TV 以游戏直播为主，涵盖体育、综艺、娱乐等多种直播内容，以签约超人气主播、赞助职业战队、邀请职业选手吸引大批量粉丝。拥有巨大流量的斗鱼正联合各行业展开"直播+"的蓝图，开启泛娱乐时代，互相借助对方的流量来达到营销的效果。手机发布会、线下音乐节、电影发布会、明星直播在斗鱼随处可见，更多名人明星向粉丝展示生活，开启直播分享乐趣。斗鱼和马东团队合力打造首档直播综艺节目《饭局的诱惑》，吸引超过 600 万人同时观看，同时新浪微博上相关话题阅读量破千万人次，在黄金时间占据综艺话题榜第一位，总榜第三位。

随着腾讯的注资与资源合作，斗鱼运用腾讯在体育赛事版权上的资源推出主打体育赛事内容的企鹅直播；而在游戏直播内容上，斗鱼拥有广泛游戏类型，覆盖电竞、单机、手游等，积极开展与内容制作平台合作，获得了大量赛事的独家直播权。除此之外，斗鱼搭建线下主题公园活动，拉近用户与主播距离，提升用户品牌忠诚度。

3. 熊猫 TV：打通娱乐圈与电竞圈，个人及明星效应引流观众

熊猫 TV 是由上海熊猫互娱文化有限公司创办的一家弹幕式视频直播网站，创始人为王思聪，2015 年 10 月正式上线公测。熊猫 TV 拥有丰富的电竞、泛娱乐资源，整体的运营特色也是围绕着娱乐为核心展开，利用王思聪拥有的人气主播和艺人的人脉优势，邀约明星制造话题热点，签约最顶尖的明星主播，善于制造明星热点来达到宣传的效果，已经在游戏直播平台上占有一席之地。目前，在内容上重点布局移动电竞领域，拥有电竞俱乐部资源，还有乐视体育、万达集团等隐形资源，将通过直播平台这个入口，有望形成完整的电竞生态。

4. 企鹅电竞：垂直电竞媒体，资源背景强大

企鹅电竞是腾讯旗下的移动电竞内容平台，成立于 2016 年 7 月。相比于其他直播平台，企鹅电竞完全垂直于游戏电竞领域。依靠腾讯领先的技术手段、大数据能力、用户社交关系链以及腾讯游戏的官方合作资源，在过去一年里已快速成长为业内极具影响力的电竞直播平台，并完成了平台基于游戏分发、游戏直播、游戏内容、电竞赛事、商业化合作等的生态打造。

5. 战旗 TV：结合传统媒体，打造全媒体覆盖平台

战旗 TV 是浙报传媒于 2014 年 5 月上线的游戏直播平台，旨在构建以游戏媒体为主体，电视媒体、纸面媒体为补充的全媒体覆盖平台，除了游戏和赛事直播内容外，战旗 TV 与电竞内容制作平台深度合作，推出纯电竞明星阵容的娱乐节目 Lying Man，获得热烈反响，进一步验证了电竞明星的娱乐价值。

☞ **思考题**

1. 媒体主导的电竞商业模式有哪些独特的优势和劣势？
2. 传统媒体在电子竞技行业的发展遇到哪些困境？有何种解决方式？
3. 直播平台的发展可能面临哪些问题？未来的发展方向是怎样的？

☞ **参考文献**

[1] 沈驰. 浅析电子竞技及游戏直播平台的商业模式. 新闻研究导刊, 2017 (09)：277-278.

[2] 王睿. 游戏直播开启电子竞技新时代. 青春岁月, 2017 (07)：168-169.

[3] 王欢, 王勇. 我国游戏直播行业现状浅析. 上海理工大学出版印刷与艺术设计学院, 2016.

[4] 雷作声. 从战旗 TV 看游戏直播类网站的运营之道. 山西大学文学院, 2015.

[5] 钟奇. 电子竞技：专业娱乐, 大有作为. 海通证券, 2016.

［6］艾瑞咨询.2018年中国电竞行业研究报告.艾瑞咨询，2018.

［7］艾瑞咨询.2016年中国电子竞技及游戏直播行业研究报告.艾瑞咨询，2016.

［8］易观咨询.2017中国电子竞技产业年度综合分析.易观咨询，2017.

［9］祁书彦.电竞行业需要社会主流认知——媒体在电子竞技发展中的作用.电子竞技，2006(15)：20-21.

［10］石振振，我国电子竞技网络直播的现状及其发展策略研究.郑州：郑州大学，2015.

第9章 电子竞技生态中的企业社会责任

电竞市场固诱人 争享蛋糕时勿忘社会责任①

电子竞技作为一项新兴事物，其潜在的市场发展潜力获得业界普遍认同，并预期可以为中国经济发展带来新的亮点。

电子竞技在内地市场的潜力更是巨大。统计数据显示，2016年内地整体游戏市场收入约154亿美元（约1 201亿港元），预期到2021年达262亿美元（约2 044亿港元），成为全球第二大游戏市场，仅次于美国。市场信息机构Newzoo的报告显示，中国约有5.6亿人玩游戏（美国总人口为3.23亿）；市场调研机构IHS Markit的研究报告发现，中国电竞观众约占全球观众总人数的57%，2015年中国的游戏爱好者约观看35亿小时的电竞视频，观看次数多达111亿次。研究还发现，中国庞大的玩家群体乐意花钱，Newzoo的数据显示，中国游戏玩家每年人均花费143美元。值得关注的是，正如首届"电竞音乐节"的主办方所言，此次活动主要迎合年轻人的口味。这也提醒业界及相关各方，在大力发展电子竞技产业的同时，面对青少年客户群体，应当予以适度引导并加强对违规、违法行为的监管。

毋庸置疑，随着电子娱乐游戏业的发展，包括电子竞技在内的各类电子游戏对青少年的历史观、价值观、人生观等多方面会造成潜移默化的影响，因此，业界尤其是游戏的开发方不应一味贪婪逐利，甚至对青少年进行误导，应当承担其自身的社会责任，对用户尤其是青少年群体加以保护和引导。

从这个案例中你是否可以体会到电子竞技生态参与者所应承担的社会责任？应该说每一家企业都要承担相应的社会责任，对于得不到社会普遍认可的电竞企业尤其重要。电子竞技在很多人心中与玩物丧志联系在一起，那么真实情况到底如何？电子竞技生态的参与者应该如何改变大众对电子竞技的认知？如何承担应该背负的社会责任？对电竞企业而言，任重而道远。

9.1 企业社会责任

任何行业的发展都要经历市场的检验，电子竞技产业因为互联网的发达使其所有的优缺点都暴露在大众眼前。被监督和指责，说明电子竞技产业还有成长和改进的空间，

---

① 吕锦明. 电竞市场固诱人 争享蛋糕时勿忘社会责任. 证券时报，2017-08-05（A03）.

今后电子竞技生态的参与者要把电子竞技当作事业来做，要更加重视自己的社会责任。

9.1.1 企业社会责任的定义

企业社会责任思想（corporate social responsibility, CSR）最早源于美国。博文（Bowen）（1953）认为企业及其经营者必须承担社会责任，他最早系统性地对企业社会责任进行了定义：商人的社会责任是指商人有义务按照社会的目标和价值观所期望的来制定政策、进行决策。此后，国内外一系列研究者对企业社会责任进行了不同的定义，对其具体内容也进行了广泛的探讨。

约瑟夫·麦克格尔（Joseph M. McGuire）（1963）认为"企业社会责任概念意味着企业不仅仅有经济和法律义务，而且还对社会负有超过这些义务的某些责任。"

凯思·戴维斯（Keith Davis）和罗伯特·布卢姆斯特朗（Robert L. Blomstrom）（1975）认为"企业社会责任是指决策者在谋求企业利益的同时，对保护和增加整个社会福利方面所承担的义务。"

埃德文·艾普斯坦（Edwin M. Epstein）（1987）认为"企业社会责任就是要努力使企业决策结果对利益相关者具有有利的而不是有害的影响。企业行为的结果是否正当是企业社会责任关注的焦点。"

哈罗德·孔茨（Harold Koontz）和海因茨·韦里克（Heinz Weihrich）（1993）认为"公司的社会责任就是认真地考虑公司的一举一动对社会的影响。"

世界可持续发展企业委员会（World Business Council for Sustainable Development）（1998）认为"企业社会责任是企业针对社会，既包括股东也包括其他利益相关者，的合乎道德的行为。"

斯蒂芬·罗宾斯（Stephen P. Robbins）（2010）认为"企业社会责任是指超过法律和经济要求的、企业为谋求对社会有利的长远目标所承担的责任。"

国内的周三多教授（2005）认为"企业的社会责任具有非强制性、非官方性、普适性、扬善性等特性，主要包括企业对环境、员工、顾客、竞争对手、投资者和所在社区的伦理行为，通过企业社会责任的履行，不仅能使企业自身效益得到提高，而且还能够使企业的利益相关者的利益得到不同程度的提高。"

国内的谭力文和李燕萍教授（2014）认为"企业社会责任是指企业在创造利润并且对企业所有者（即股东）负责的同时，企业还应该追求其他利益相关者的价值最大化，企业不仅要遵守国家的法律法规，还要积极承担对员工、社会和环境的社会责任，遵守社会伦理道德、行业准则、职业道德，保护员工的合法权益，积极投身公益事业，节约资源，保护环境等，以实现企业、社会与环境的协调可持续发展，追求企业和社会的长远利益和长期绩效最大化。"

综合以上观点，我们认为企业社会责任是指企业为所处社会的全面和长远利益而必须关心、全力履行的责任和义务，表现为企业对社会的适应和发展的参与。企业社会责任的内容极为丰富：既有强制的法律责任，也有自觉的道义责任；既有针对外部利益相关者（如公众、行业协会、政府、各类人群、环境等）所应承担的社会责任，也有对内部利益相关者（股东、管理层、一般员工）所应承担的社会责任。

9.1.2　关于企业社会责任的不同观点

关于企业社会责任，有两种观点颇具代表性。一是以米尔顿·弗里德曼（Milton Friedman）为代表的古典经济观，一类是以阿基·卡罗（Archie Carroll）为代表的社会经济观。

1. 古典经济观

古典经济观的代表人物是主张自由放任资本主义而闻名的，诺贝尔经济学奖获得者米尔顿·弗里德曼（Milton Friedman）。他于 1970 年在《纽约时报杂志》（*New York Times Magazine*）发表了《企业的社会责任就是增加利润》（The Social Responsibility of Business is to Increase Its Profits）一文，对企业社会责任提出了旗帜鲜明的观点。他认为当今大部分企业管理权和所有权相分离，大多数管理者是职业经理人，即他们并不拥有他们所经营的企业，而只是代理所有者去管理企业。他们是企业所有者的雇员，仅向雇用者负责，从而他们的主要责任就是最大限度地满足雇用者的利益。弗里德曼认为最能反映雇用者利益的就是财务收益率，通俗点讲，就是为公司多赚钱。

在弗里德曼看来，当管理者自行决定将公司的资源用于社会目的时，他们是在削弱市场机制的作用，必然为此付出代价。具体来说，如果社会责任行为使利润和股利下降，则它损害了股东的利益；如果因承担社会责任行为降低了员工的工资和福利，则损害了员工的利益；如果用提价来补偿社会责任行为，则它损害了消费者的利益。如果顾客不愿支付或支付不起较高的价格，销售额就会下降，那么企业也许就不能生存，在这种情况下，企业的利益相关者都会遭受损失。

除此之外，弗里德曼还认为，当职业管理者追求利润以外的其他目标时，他们其实是在扮演非选举产生的政策制定者的角色。他对企业管理者是否会真的去扮演这样的角色持怀疑态度。弗里德曼认为，在实际生活中，企业管理者所谓的社会责任学说通常只是一种伪装，是为了获得自身利益才去做的，只是实现自身利益的一种手段或工具。例如，电竞企业的顾客主要是青少年，对这些企业来说，将一部分资源为该类人群做好事，可能符合其长远利益，可能会吸引更多青少年参与到电竞生态中，从而可能会带动整个电竞生态的发展，或者产生其他方面的一些影响。

2. 社会经济观

以阿基·卡罗（Archie Carroll）为代表的学者则提出了不同于古典经济观的另外一种观点：社会经济观。他们指出，时代发生了变化，社会对企业的期望也发生了变化。企业社会责任概念之所以受到重视是对社会环境的日益关注和社会契约的变化的结果。企业社会责任不仅应该考虑经济方面的因素，还应该考虑到法律、道德和慈善方面的因素。

从制度理论的视角出发，公司的设立和经营要经过政府的许可、社会公众的认可。因此，公司不仅要对股东负责，同时要对它所在的社会环境负责。在社会经济观的支持者们看来，古典经济观采用了静态的观点来看待社会责任，仅注意到企业短期的财务利益，没有考虑到企业长期的发展利益。因此，社会经济观的支持者们认为，企业必须承担一些必要的社会义务及相应的成本，他们必须在增进社会利益方面发挥积极的作用，比如，参与社区的一些活动和捐钱给慈善组织等，这样更有利于企业战略的发展。

9.2 电子竞技企业应该履行社会责任的理由

9.2.1 企业社会责任承担的不同观点

企业是否应该承担社会责任？企业主动承担社会责任是否会影响企业的经济效益？"古典经济观"与"社会经济观"基于不同的研究分析框架，得出的结论截然相反。

按照弗里德曼提出的"古典经济观"，在分析企业社会责任与经济绩效之间的关系时，应该通过分析企业财务年度报告内容进行，因为企业承担社会责任会增加经营成本，会提高产品的价格，从而降低产品的竞争优势，销售额会下降，最后得出的结论是企业短期财务绩效与社会责任之间存在冲突。

而按照阿基·卡罗提出的"社会经济观"，企业承担社会责任有利于企业获得在环境中的合法性，帮助企业从外部获得资源，因此有利于企业的长远发展。在分析社会责任与企业绩效时，不仅应该关注短期的财务绩效，还应该关注企业长期的财务绩效，按照这种观点，在企业长期发展过程中企业社会责任与经济绩效之间的关系应该存在正向的相关关系。

还有一些研究，整合了以上两种观点，他们认为企业承担社会责任有利有弊，并发现企业承担社会责任与企业价值并没有显著的关系。例如，Alexander(1978)等人，借用前人的样本数据实证研究发现，经过风险调整后的股票市场回报与企业社会责任不相关。Soana(2011)单独以银行业为研究对象，验证了企业履行社会责任与企业价值无显著相关性。

企业承担社会责任有利有弊，关于企业是否应该承担社会承担，目前并没有一致的答案，对企业社会责任与企业价值之间的关系仍有争议，但总体而言，企业承担社会责任利大于弊。综合以上的研究观点，我们认为对电竞企业而言，承担社会责任虽然有利有弊，但整体上也应该利大于弊，电竞企业应该针对不同的经营环境主动承担社会责任来促进电竞生态的发展。

9.2.2 承担社会责任对电子竞技企业所带来的利弊

1. 承担社会责任对电竞企业所带来的好处

(1)打破社会偏见，塑造良好的公众形象

作为一种文化产业，电脑游戏实际上处于相当尴尬的地位，在大多数人眼中，玩电脑游戏就意味着不务正业。伴随电子游戏而发展起来的电竞，同样处在这样一个尴尬的局面中。

在2003年11月，电子竞技在中国正式成为体育项目。但是，我们都明白，电竞虽然被纳入国家的体育项目，却始终只是一个不受重视的项目。电子竞技作为一项新兴的体育运动项目，其产生和发展一直都饱受争议。网络游戏近些年来的发展饱受诟病，青少年因沉迷网络游戏而荒废学业的新闻也屡见报端，家长、社会等更是视网络游戏为毒害孩子心灵的洪水猛兽，对网络游戏严防死守，围追堵截，甚至到了谈"网络游戏"而色变的地步，而电子竞技不可避免地会被拿出来和网络游戏一起谈论，电子竞技与网络游戏已经被他们所混淆。电子竞技运动发展到今天已成为一个产业，而不是所谓的"玩游戏"。不幸的是，没有多少人把电子竞技作为一个真正的体育文化产业，更多的还是电子竞技队在比赛的水平。社会大众不了解电子竞技与网络游戏的异同，一味地将电子竞技和网络游戏画等号，一棒子通通打死，正因为如此，这种先入为主的网络游戏毒害论一直误导着社会大众的认识，将电子竞技妖魔化，从事电子竞技事业在他们眼中就成了不务正业。因此，社会大众对电子竞技在认识上有着很大的偏差，从而对电子竞技在观念上存在很大的误解与偏见。

电竞企业承担社会责任行为可以塑造良好的公众形象，帮助社会公众了解电子竞技与电脑游戏之间的区别，树立对电子竞技的正确认识。电子竞技在公众心目中的良好形象对电竞企业的好处是多方面的，比如，使企业销售额上升、吸引到更多更好的员工加入电竞企业、更容易从金融机构筹集到资金、更容易获得政府的政策支持等。由于公众通常认为社会目标是重要的，企业通过追求社会目标就能够产生一个良好的公众形象。

（2）促进商业模式形成，增加长期利润

电竞企业能够而且应该具有社会意识。电竞企业承担社会责任不仅是道义上的要求，还符合自身的利益。有社会责任的电竞企业能在社会责任承担过程中，发现新的商机，寻求新的合作关系，增加与客户的黏性，拓展新的盈利渠道，从而打造新的电子竞技生态商业模式。

（3）创造良好的经营环境

电竞企业的社会责任行为有助于解决比较棘手的社会问题，有助于提高生活质量和改善所在社会环境的状况，这种良好的环境适合企业的生存和发展。政府管制会使经济成本上升并使管理者的决策缺乏一定的灵活性，而电竞企业主动承担社会责任可以减少政府管制。

例如，有些电脑游戏提供商为了追求经济效益，其所推出的电脑游戏，大多充斥着暴力和色情内容，并且，具有诸多诱发青少年网络游戏成瘾的因素，对青少年玩家造成了非常有害的影响；有些电子竞技选手在成为职业选手以前就脏话连篇，在成为公众人物以后没有经过系统的职业礼仪培养，仍不注意公众场合的发言；有些电子竞技裁判个人好恶严重，在主持比赛时，对不喜欢的选手冷嘲热讽，存在明显偏见。这些原因导致电子竞技的社会形象极为不佳，被认为是带有与生俱来的"原罪"。社会的恶评对整个电子竞技行业发展都产生了不利影响。政府因为这些原因，对电子竞技企业、电子竞技赛事的审查也非常严格。

在电竞企业承担社会责任的同时，也会存在一些弊端，对电子竞技企业产生不利的影响。

2. 电竞企业承担社会责任的弊端

（1）违反利润最大化原则

反对企业承担社会责任的人士认为，追求社会目标会冲淡电竞企业的基本目标——提高生产率，而且许多社会责任行为会提高经营成本、减少其收入来源，必须有人为它们付出代价。特别是目前国内对电竞行业的法律、规则不太完善。当某些企业承担过多的社会责任，而另外一些企业没有承担应有的责任时，可能会提高前者的经营成本、降低其盈利收入。

（2）职责不清

政治人物（或组织）应追求社会目标并对其行为负责，而电竞企业对公众没有直接的社会责任，或者说不应该承担全部的责任。针对电子竞技所带来的各种问题，并不是电竞企业单方面造成的，需要政府相关部门的立法、非政府机构及行业协会的监督、参与人群的自觉遵守等。另外，从能力上来说，电竞企业领导者的视角和能力基本上是经济方面的，与电竞参与者倾向于同类的思维，不适合处理社会问题。

（3）缺乏广泛的公众支持

社会责任问题是一个极易引起激烈争论的话题，公众在这个问题上意见容易引发争论，社会上对电竞企业处理社会问题的呼声虽然很高，但并没有形成一致的观点，更缺乏具体可行的策略。在缺乏一致支持的情况下采取行动，可能会带来新的问题。

电子竞技与电脑游戏的区别与联系①

电脑游戏在国外通常被称作"electronic game"。随着社会的发展，竞技的全球化以及全球文化的交融，电脑游戏也常被称为"video game"，即"视频游戏"。但是，随着信息技术的不断发展，数字时代已经具有了"数字化虚拟世界""网络一体化""虚拟世界现实化"等特点，"cyber game"一词很好地反映了这些内涵，又因其具有较强的延伸扩展性，能较好地反映电脑游戏。因此，这一叫法目前被普遍接受。所以，电子竞技是包含在"cbyer game"里面的概念。

电脑游戏为电子竞技提供了很多项目，如 QuAKE（属于 FPS）、《星际争霸》（属于 RTS）、《网上围棋》（属于 TAB）等。电脑游戏里面的项目非常多，但就实际情况来看，不可能电脑游戏所有的项目都能成为电子竞技，但是其中的部分项目，经过时间沉淀，在技术、软硬件、合理性、竞技性等各方面都比较完善成熟的时候才有可能成为电子竞技项目，所以电脑游戏是可以产生电子竞技项目的摇篮。从电子竞技的概念上就能看出，电子竞技是一项运动，那么电子竞技就和其他的运动，如篮球、足球一样，其本质是参与者通过参加运动使自己的各项素质得以提高，目的在于参加运动后起到对自身的锻炼效果。

电子竞技与网络游戏主要从以下三个方面来区分：

第一，基本属性不同。网络游戏是娱乐游戏，电子竞技属于体育运动项目，网络游戏主要是在虚拟的世界中以追求感受为目的的模拟和角色扮演，电子竞技则是在信息技术营造的虚拟环境中，有组织进行的人与人之间的智力和体力的对抗。

第二，电子竞技有明确统一的比赛规则。其最大特点是严格的时间和回合限制，而网游缺乏明确统一的比赛规则，没有时间和回合的限制，容易使人沉迷。

---

① 资料整理于 http://gameonline.yesky.com/190/69867190.shtml.

第三，电子竞技比赛是运动员之间秉着公正公平的体育精神的竞赛，通过人与人之间的智力和体力对抗，决出胜负。网络游戏主要是人机之间或人与人之间的交流互动，不一定需要人与人的对抗来评判结果，这也是电子竞技有别于网络游戏的主要特点。

9.3　电子竞技生态企业社会责任的内容

美国管理学者阿基·卡罗认为各种利益相关者对社会环境的社会契约的关注日益密切。企业在一定时期应该承担的社会责任由低到高依次可以分为四种水平：经济责任、法律责任、道德责任和慈善责任。按照阿基卡罗的观点，结合电子竞技行业的现状，电竞企业应该承担的社会责任同样应该包含这四个方面。

1. 经济责任。电竞企业首先是一个经济组织，也就是说电竞企业的首要任务是生产社会需要的产品和服务，提供更多的就业机会，并以在社会看来反映了所提供产品和服务的真实价值的价格出售，促进社会财富的增长。经济责任是社会要求电竞企业做到的，如赢利、销售收入最大化、成本最小化、制定明智的战略决策、关注分红政策、保证电竞从业者的基本收入水平等。

2. 法律责任。社会在赋予电竞企业经济任务的同时，制定了要求电竞企业遵守的法律。因此，遵守法律是企业对社会承担的责任。

3. 伦理责任。电竞企业的伦理责任包含了超越法律规定的、社会成员所期望或禁止的活动。电竞企业的伦理责任主要有：维护电竞选手的权益，保证电竞选手在电竞生涯中获得合理的回报，为电竞选手在退役后安排合理的就业机会与转型空间；维护一般玩家权益，对一般玩家履行在服务质量方面的承诺、保证提供优质和满意的服务、不欺骗一般玩家、合理安排玩家参与时间等。

4. 慈善责任。慈善责任也称为自愿的或自行处理的责任。慈善活动纯属自愿的活动，法律没有规定，社会也没有对企业普遍提出这样的要求。在国内经济转型的初级阶段，电子竞技作为一项新生事务，国家在立法方面并不完善，各方面都在摸索中前进。电竞企业的慈善活动包括支持社会福利事业、帮助贫困的人脱离贫困、帮助贫困的人获得教育和培训的机会、安置残疾人就业等。慈善责任与伦理责任的差别在于慈善责任并不是伦理上所要求的。采用赫兹伯格的双因素观点，如果企业履行慈善责任，社会会满意；如果企业没有履行，社会也没有不满意。相反，如果企业履行伦理责任，社会也不会满意；但如果企业没有履行伦理责任，社会会对企业的行为产生不满。

从利益相关者观点出发，上述四种责任是对电竞企业不同利益相关者的关注。经济责任对电竞生态的参与者影响最大，如果不能保证电竞生态参与者的经济效益，将会影响其参与电竞行业积极性。法律责任保证了电竞企业、组织在社会中是否能够以合法形式存在。伦理责任对职业选手和一般参与者影响较大，影响着电子竞技是否能长期稳定发展。慈善责任对电竞企业外部的利益相关者、社会公众影响较大，关系着大众对电竞行业的认知，有利于改变社会公众对电子竞技的偏见。

电竞选手生存调差：多数月薪数千 淘汰率达99%①

随着电竞行业的迅速发展，电竞选手成为一份正当而光鲜的职业，打游戏赚钱的标签和一战成名后的光环让不少年轻的游戏爱好者趋之如鹜，那么他们的生活真的就如大家想象中那么轻松吗？

事实上并非如此，一切以成绩说话的电竞行业竞争残酷、淘汰率极高，因此长时间高强度的训练也是家常便饭。日前，圈内知名俱乐部OMG的女子电竞队宣布解散，让大家再次意识到，看似光鲜的背后，电竞行业其实充满了残酷的竞争和数量众多的炮灰，处于金字塔尖的往往只有一小部分人。

LGD英雄联盟战队的媒介经理朱琼介绍了电竞选手面临的三大困境。

第一，淘汰率高达99%，每天训练超过10个小时

据LGD的媒介经理朱琼介绍："从中午吃过午饭，就是LGD英雄联盟分部的训练时间，而这往往要进行到凌晨两三点钟才会结束，队员每天都要训练十几个小时，从补刀、对线等基本功到团队的整体战术、配合等都是队员需要反复思考和训练的东西，在这期间教练、数据分析师也会根据每个人的特点进行分析和指导。"

这样长时间的重复训练，玩游戏带来的乐趣会在一段时间后慢慢消失，一些苛刻的职业标准也让游戏本身变得枯燥，因此并不是所有的人能够坚持下来，这也导致了这个行业每年都有大量的人涌入，同时也有同样多的人退出。

尽管如此，每年仍旧有大量的少年怀揣梦想而来。

据朱琼介绍，除了业内推荐和俱乐部之间的人员转换之外，LGD还有着自己的选拔体系和青训基地，俱乐部会定期进行公开招募，招募阶段俱乐部每周都会收到四、五封邮件，然而这个选拔异常残酷，最后能剩下的没几个人。

"首先我们有一个硬性的标准，例如英雄联盟队员入选基础条件就是需要在电信一区达到钻石级别以上。然后我们会对符合基本要求的人进行试训，数据分析师会对选手的能力、心态、配合等指标进行记录，最后再决定是否留下这个队员，整个过程的淘汰率往往达到99%。"朱琼说道。

第二，吃的是青春饭，黄金年龄不超过10年

从目前的各大比赛中不难看出，活跃在赛场上的大都是一些20岁左右的少年，朱琼告诉记者："不少有天赋的选手从16、17岁就开始了自己的职业生涯，25岁在这个圈子里就已经是大龄了，黄金时段一般不会超过10年。"

究其原因，就是选手的操作水准往往受限于年龄。作为一项竞技运动，大部分电竞项目都有操作上的要求，其中一项就是APM(Actions Per Minute，即每分钟操作鼠标键盘的次数，俗称"手速")。像前几年《星际争霸》《魔兽争霸》这类需要控制多兵种的游戏一般需要手速超过250，《英雄联盟》的要求相对较低，一般的职业水准也在120以上，而普通人就连100都很难做到。随着年龄的增大，人的反应速度会越来越慢，状态较差的选手面临着不得不离开的困境。

---

① 资料来源：http://games.qq.com/a/20170221/018844.htm.

第三，职业选手收入金字塔分布，普遍收入不高

近几年，随着资本的大量注入，职业选手的薪资都得到了普遍的提升，而随之产生的问题也越来越多。

俱乐部为了冲击更好的成绩各处挖角，选手的转会费也随之越来越高，顶级明星选手的转会费已从 2013 年的几十万元暴涨至现在的几百万元。

朱琼告诉记者："一线俱乐部的正式队员一般年薪在 50 万元左右，一些从韩国请的外援则会高一些，能达到一两百万元，而明星选手则更高，像之前 LGD 的上单选手 Marin，这类顶级选手年薪可以达到数百万元甚至上千万元。当然，这些是金字塔的顶层，下面其实还有数量众多的选手每个月只能拿到几千块。"

9.4　电子竞技生态社会责任履行

迄今为止，人们对电竞企业社会责任的理解还不统一，对电竞企业如何履行社会责任还莫衷一是。而造成这种状况的一个重要原因是对企业社会责任的视角有差异。电子竞技生态中社会责任的履行不单是某一家企业或企业自身的问题，需要整个行业、国家政策乃至社会公众等多方面利益相关群体的配合。

第一，电子竞技行业的参与者，尤其是电竞企业应该在拓展电子竞技从业者收入来源、规范电子竞技运作模式等方面下工夫，为电子竞技行业在社会中树立正面形象。例如，我国的电子竞技爱好者人数众多，但是能以之为职业的人数其实少之又少，这与目前电子竞技在我国的发展状况是分不开的，电子竞技在我国目前尚属于"摸着石头过河"的阶段，很多方面还很不成熟，而职业玩家就是以电子竞技这个项目作为职业，可以获利和实现自己的价值，目前主要生活来源是参加比赛获得的奖金和其他因电子竞技所得的利益，收入渠道相对有限。除少数存活在金字塔顶端的顶尖选手以外，大部分电子竞技选手收入无法得到有效保障。这对电竞选手的积极性、职业生涯都存在重大影响，也影响了社会公众对电竞行业的认知与评价。如何在电子竞技生态中建立持续运转的商业模式成为电竞企业社会责任履行的关键一环。

第二，区别于一般的电脑游戏，政府应该给予电子竞技大力的支持，进行舆论的正确引导，使人们认识到电子竞技所蕴含的丰富的经济和社会功能。电子竞技的发展是时代发展的必然，与市场经济的发展步伐一致，同时也满足了人们精神文化生活的需求，公平公正的对待电子竞技的发展。此外，在涉及电子竞技体育的很多方面，政府要加强管理，如电子竞技活动组织的标准、电子竞技赛事项目的统一等方面。

第三，加快电子竞技经纪人、主播队伍建设。经纪人和主播是体育和管理方面的全才，也是深深明白电子竞技规则的一群人，是联系俱乐部与选手、选手与公众之间的媒介。经纪人和主播队伍能够很好地把握市场的变化和电子竞技社会责任的发展方向，能够并且应该对电子竞技社会责任履行做出专业的指导意见。当前电子竞技行业中，虽然也有部分高学历人员从事经纪人和主播工作，但整体人员素质不高、水平参差不齐。电子竞技经纪人和主播队伍建设将有利于提高电竞生态参与者整体的社会责任履行水平。

第四，借鉴海外电子竞技经验。国内电子竞技发展晚，社会认可度有限。国内电子竞技生态的发展，可以借鉴韩国、法国等国家的成功经验，升级联赛制度，规范俱乐部运营，带动电竞周边行业发展，保障国内电子竞技行业平稳、快速发展。

☞ **思考题**

1. 阿基·卡罗提出了哪四种企业责任？相对一般企业而言，社会对电竞企业要求的程度有何差别？

2. 有人说"企业能活下去就是最大的社会责任，因为可以提供就业，上交税收"。你同意这种看法吗？是否对所有企业都成立？

3. 把电竞企业社会责任等同于解决社会问题有何不妥？

4. 你认为电竞企业承担社会责任是否弊大于利？把慈善活动与电竞企业战略联系起来是否合适？

"给孩子送个玩具"
——明星慈善电竞挑战赛①

2013 年 7 月 23 日晚，由腾讯微博、腾讯网游戏频道、腾讯公益、爱德基金会联合举办的大型慈善活动——"给孩子送个玩具"公益项目发布会暨明星慈善电竞挑战赛在上海举办。国家体育总局体育信息中心副主任杨英女士、国家体育总局体育信息中心电子竞技部付耕先生、"吊环王子"陈一冰、WCG（世界电子竞技大赛）冠军李晓峰(sky)、《情深深雨蒙蒙》尔豪饰演者高鑫、中国好声音首期选手张玮、童星吴磊、歌手宋新妮等多位明星，联手中国五大顶级电竞战队（皇族、PE、OMG、IG、WE），以及知名电竞解说 BBC、小苍 MM 一起，共同进行了一场充满正能量的慈善电竞比赛。

电子竞技作为新兴的竞技体育项目，长期以来一直受到人们尤其是年轻人的喜爱与关注。作为演员，高鑫平日里大部分时间都忙碌在各个片场。工作之余，他也和很多人一样，喜欢通过适度的电子竞技游戏使自己获得身心的放松，私下他也被大家戏称为是"演员中游戏打得最好的"。昨夜，各界明星通过慈善电子竞技，展开了一场"电竞大 PK"。由高鑫领衔的战斗梯队可谓强强联手，在激烈的角逐中，他们团结协作，配合默契，最终战胜了陈一冰、宋新妮和张玮带领的队伍，勇夺冠军。高鑫说，这个冠军奖杯也是自己人生中获得的第一个奖杯，很值得庆祝。在现场，高鑫还将团队获胜赢得的75 000元奖金全部捐给爱德基金会，用于改善留守儿童教育环境和质量。

除了捐献比赛获得的物品，明星们也纷纷慷慨解囊为孩子们购置礼物。高鑫将自己亲自购买的 100 个万花筒送给孩子们，希望他们能够通过这份礼物看到缤纷绚

---

① 资料来源：http://games.qq.com/z/childrentoys/.

烂的世界，拥有快乐的七彩童年。多年来，高鑫一直持续关注并热衷于公益事业，他坚持定期为相关慈善机构提供需要的物资。为人低调的高鑫鲜少参与娱乐类活动，但当他了解到这次活动是一个可以通过电竞挑战赛的形式发扬体育拼搏精神、传递游戏圈正能量的慈善活动后，便欣然同意参与其中。高鑫希望用自己的努力来为孩子们赢得更多的帮助，也想通过电竞挑战赛这种新颖的方式传递爱心，呼吁社会各界共同关注中西部偏远地区儿童及农村留守儿童的健康成长问题。

"给孩子送个玩具"是由腾讯游戏频道、腾讯微博、腾讯公益、爱德基金会共同发起的关爱中国中西部偏远地区及农村留守儿童的公益爱心项目。该项目首期计划为四川资阳约450名留守儿童筹集善款，并由爱德基金会执行并发放爱心玩具。

☞ 讨论题

1. 腾讯为什么要组织慈善电竞技挑战赛？您认为这种方式是否有效？
2. 还可以通过哪些方式将慈善事业与电竞企业发展联系起来？

☞ 参考文献

[1] McGuire J W. Business and society. McGraw-hill, 1963.

[2] Keith D, Blomstrom R L. Business and society: Environment and responsibility. New York, 1975.

[3] Alexander G J, Buchholz R A. Corporate social responsibility and stock market performance. Academy of Management journal. 1978 Sep.1, 21(3): 479-86.

[4] Epstein E M. The corporate social policy process: Beyond business ethics, corporate social responsibility, and corporate social responsiveness. California management review. 1987 Apr, 29(3): 99-114.

[5] Friedman M. The social responsibility of business is to increase its profits. In Tom L. Beauchamp and Norman E. Bowie (ed.), Ethical Theory and Business, 3rd ed. Englewood Cliffs, NJ: Prentice-Hall, 1988: 87-91.

[6] 哈罗德·孔茨, 海因茨·韦里克. 管理学. 第十版. 北京: 经济科学出版社, 1998.

[7] 周三多. 管理学. 第二版. 教育出版社, 2005.

[8] Robbins S P, Coulter M. Management. Pearson Education, 2010.

[9] Soana M G. The relationship between corporate social performance and corporate financial performance in the banking sector. Journal of business ethics. 2011 Nov.1; 104 (1): 133.

[10] 谭力文, 李燕萍. 管理学. 第四版. 武汉大学出版社, 2014.

[11] Carroll A, Buchholtz A. Business and society: Ethics, sustainability, and stakeholder-management. Nelson Education, 2014.